女子人際學

女子が毎日トクをする 人間関係のキホン

作者 **有川真由美**　譯者 葉韋利

【輕鬆相處升級版】

受男性欣賞，女性喜愛，人際關係瞬間提升的100個生存守則

目錄

第1章 做個不慣性討好，也不四面樹敵的人

第2章

無往不利的人際潛規則

第3章

跟看不順眼的人也能和平相處

第4章

如何在人際關係上不吃虧

第5章

從對立到對話，化解衝突

第6章

不隨別人的情緒起舞

第7章

真誠對待別人，真實面對自己

前言

讓人期待能與你為友。

雖然個性直爽，但也不失禮貌，且溫暖親切。

能坦誠表達自身觀點，也能妥善回應他人不同的意見。

不想一味討好別人卻委屈自己，但也不會因此而與人為敵。

本書就是希望你能成為上述所說那樣的女性。

簡言之，就是能關心自己，也重視他人，並建立良好的人際關係。

這類型的人總是無往不利，具有以下的特質，包括：「身邊不會再有討厭的人」、「常被稱讚」、「容易有升遷的機會」、「即使到了新環境，也能輕鬆與人打成一片」、「別人樂於分享資訊」、「任何事都會有人主動幫忙」等等。

我相信，只要改善人際關係，每天的生活和工作就會出現驚人的變化。

我將自己認識或遇過的優秀女性，他們在人際關係中所使用的技巧，以及我在各種工作中親身經歷過的行為，去蕪存菁後，篩選出效果絕佳的方法，歸納整理成一百個小訣竅集結成書。

各位在閱讀時如果看到「這個好像很有用耶！」的小撇步時，不妨積極嘗試看看。

每次我問女性朋友現在有什麼煩惱，得到的答案通常是：「有很討人厭的同事」、「整天被主管找麻煩」、「跟父母關係不太好」、「男友（先生）根本不了解我」等，他們最先想到的總是與人際關係有關的問題。

然而，該如何改善交流技能、提升人際關係，在學校裡並沒有人好好教過我們，進入職場工作也幾乎很少有人給予指導。

現在，各位不妨靜下心來，透過本書，嘗試學習靈活應對進退的方法。只要改變與人的相處模式，就能立刻感受到對方的態度也會跟著轉變。更重要的是，當心情變輕鬆，那些無謂的焦慮和煩惱也就隨之減少了。

人際關係可以是「煩惱的種子」，也可以成為「人生的資產」。與他人建立良好的關係，能讓我們的生活更精彩豐富、提升個人力量，並帶來好運。

成功的人際關係建立在基本的禮貌、尊重和真誠的基礎上。可以說，擁有好的人際關係與社交能力，比具有專業技能更為重要。

那麼，首先就和大家分享「不與別人衝突」的方法，踏出建立穩固基礎的第一步。

面對衝突，不針鋒相對，甚至惡言相向，而能有智慧地運用溝通技巧，這樣的你是非常了不起的！

第1章

做個不慣性討好，也不四面樹敵的人

【不戰而勝的柔性溝通法】

01 遇到衝突，「柔性溝通」比「爭輸贏」更重要

在本書一開始，我想先告訴各位的是：

「與人衝突是種損失。」

「不與人起爭執才能無往不利。」

如果有人故意找碴，對你口出惡言，或是看不起你……等，對方的言行舉止讓你憤怒時，你會不會有股衝動也想以同樣的態度反擊呢？

又假設，有人以一副高高在上的姿態，對你說了難聽的話，你在一氣之下怒回：「你是什麼意思？你有什麼資格講我？」這樣的回應可能會使對方的攻擊變本

加厲，於是雙方就吵起來了。

看到這裡，請先思考一下。你這麼做，究竟獲得了什麼呢？難道對方會因為你勃然大怒，就對你道歉說：「對不起，我不該看輕你的。」

這種狀況不太可能發生吧！爭吵只會使彼此互不相讓，惡言相向，甚至漸行漸遠。

總之，和別人吵架或衝突，身心一定會疲憊不堪。

另外，你有過下面這些狀況嗎？

當你想與對方一較高下時，不知不覺就會產生不服輸的競爭心態；面對別人指責「都是你的錯」時，不反嗆個幾句就心有不甘；遇到老是吵不贏的對手，便忍不住酸言酸語想刺傷別人；發現對方硬要將其價值觀加諸在自己身上時，就感到怒火中燒。

這類的對峙和衝突，不但讓人浪費大量的時間與精力，還會讓人際關係惡化，連帶影響工作與生活的品質。

嘲諷、批評、貶低他人，或許可以得到一時的發洩，對溝通卻沒有幫助。當爭執越演越烈，還容易口不擇言，甚至加碼跟吵架內容無關的傷人字眼。

我們和別人吵架時，表面上是在爭論對錯，但其實是想證明自己比別人厲害。我們自覺吵輸了會不如人，有損自尊和顏面。

本書首先要告訴各位女性，如何運用包括尊重、傾聽等柔性技巧，就能不戰而勝的「柔性溝通法」。

人與人之間的差異性，是在互動中必然存在的現象。只要吵架，就一定要爭輸贏，會讓我們在爭論中失去自我分寸，也失去自己的體面。

02 總是想改變別人？是你的「看不下去」讓你感到痛苦

當別人對你惡言相向，或是忽視你、批評你，任誰都會覺得不悅吧？當下理智斷線，想立刻回嗆或反擊，是很自然的衝動反應。

不過，在盛怒下與人衝突，你能得到什麼呢？只是一時覺得非常痛快吧！即使暫時覺得自己出了一口氣，但彼此卻會因此產生閒隙。況且，不管是為了什麼理由吵架，在旁人看來，都會認為「這兩個人真幼稚」。或許你覺得別人這樣想，對你並不公平，不服氣地認為「我又沒有錯」，即使如此，你仍會被視為與你爭吵者是同一類人。

當然，遇到挑釁難免令人老大不爽。遇到這種狀況，該如何抑制怒火呢？

你只要心想「那個人之所以令人討厭，其實是他自己的問題」就行了。那是他的事情，你並不需要背負。如果你一直執著於「希望能改變對方」，就會陷入無謂的爭執中。

在我們身邊，應該多少都有你希望對方能有所改變的人吧！比方動不動就愛找碴、老是覺得自己高高在上、愛比較又輸不起、利用同事心軟的弱點而故意拖延進度、強迫別人接受自己的價值觀……等。

這些人的「可惡」之處，就是他「可憐」的地方。他們可能是因為成長環境或人際關係，導致心靈受傷，因而以貶低別人或憤怒的方式自我防衛。但這是「對方的問題」，與我們無關，我們無須在意這些事。我們能做的，就是留意別讓自己的心靈也遭到毒害。

關於人際關係的前提，我想強調的是：「你絕對無法改變別人。」無論我們再如何為對方感到苦惱，或是在居酒屋裡發再多牢騷，對方都不會改變，情況也不會好轉。

既然如此，不如趁早放棄，認清「那個人就是這樣」的事實，別一直糾結在對方惹怒你的事情上。一旦覺得心煩，就告訴自己：「這是對方的問題，別理他。」或「別在意」，自我提醒停止繼續鑽牛角尖。讓自己從「輸給怒氣的人」，變為「活用怒氣的人」。

與其期望透過對方改變，讓自己能減少困擾或減輕痛苦，倒不如先把自己的身心安頓好。

【對錯不辯，輸贏不爭】

03 不多言，不爭辯，就可擁有召喚好運的能力

對別人的憤怒，通常是在認為「我是對的、對方是錯的」這種狀況下瞬間爆發。

然而，就像你堅信「自己是對的」一樣，對方也認為「自己才是對的，竟然還被誤解」，於是雙方劍拔弩張，互不相讓。

遇到衝突，我們難免會想要爭輸贏；而談到輸贏，就肯定會有「輸家」與「贏家」兩種對立的情緒產生，這時當然無法好好處理問題。

90％的煩惱都來自人際關係，追根究柢就是因為「雙方都覺得自己的做法才是

對的，對方的方式有問題」。但很多時候，有比「對錯」、「輸贏」更重要的事，或許你爭贏了道理，卻輸掉了關係。

我認為，根本沒必要為了說服對方而彼此針鋒相對。

你想要別人怎樣對你，你就要怎樣待人。適度放低自己的姿態，「原來如此，那麼就這樣吧～～」以這樣的方式輕鬆回應。不否定、不反駁、不爭論，也不必生氣。少一些計較，多一點包容，人與人之間的關係才能越來越好，生活中的不順遂也會越來越少，甚至還可以帶來不可思議的正能量。

例如，在工作上會開始出現「獲得認同」、「有貴人相助」、「能充分發揮實力」、「獲得晉升」等好事；到了新的環境，也能擁有「迅速與大家打成一片」、「他人樂於傾囊相授」、「常有人願意主動找你聊天」之類的好運。

停止爭執，願意退讓、妥協，並不是我們軟弱無能，恰恰相反，這反而是一種終止傷害的能力。

即使無法改變對方，但只要能改變自己面對事情的態度，對方看待你的眼光與對待你的行為，一定會逐漸變得不同。

無論人際關係是好或壞，它隨時隨地都影響著我們。還有人說，如果運動員不只專注在提升技巧，還致力於改善人際關係，比賽成績可能會更好。

同樣地，在職場上擁有好人緣，就能樂在工作，並提升績效。

很多事，看似輸了，卻能贏得更多感情。只要不輕易與人為敵，就能減少擔憂與困擾，毫無壓力地隨心所欲享受每天的生活，未來也將有無往不利的美好人生在等著你。

【愉快生活的祕訣】

04 女力，就是溫柔的韌性

當人際關係卡關，溝通不順利時，我們必須思考的是：「你究竟想要什麼樣的結果？」

我們應該設定的目標，是在不傷害他人的前提下，改善人際關係，並且也能順應自己的「心」來表現真實的自己。事實上，人際關係順遂的人都是這麼做。

只不過，我們的最終目標不只是要與別人相處融洽，而是「要讓生活過得更愉快」。

在這樣的前提下，處理人際關係的衝突可採取下列五種方法：

一、爭執。
二、不放在心上。
三、保持距離。
四、逃避。
五、巧妙閃躲。

首先，最好避免方法一「爭執」。就像之前所說，爭執、吵架、對抗，都只會讓問題越來越複雜、越積越多。不過，如果要讓對方正視你到底有多認真看待彼此的歧見，或是不惜和對方起衝突也要獲得自己能夠接受的結果時，把抗爭當作達成目的的最終手段，也是可行的方式。

至於方法二至五，都是「避戰法」，也就是在「精神」上放棄與人產生衝突。避免花費時間糾結於那些令你覺得厭煩、不悅的人，而是根據對方的個性和當下的狀況，靈活運用方法二至五的避戰法，讓心情盡快恢復平靜。如果想進一步改善狀況，可以藉由對話或合作，尋求和平的解決方式。

女性可以溫柔卻充滿力量，他們是善良而非軟弱、堅強而非霸道的存在。女人不是靠「強悍」，而是靠「韌性」取勝。所謂的「女力」，就是柔韌而堅定的力量。

接下來將針對方法二至五，逐一說明如何發揮「女力」的作用。

【被別人左右情緒不值得】

05 有些話聽聽就好，別往心裡去

我的朋友中，有個典型討人厭的A小姐。她老愛炫耀自己的顯赫家世和過往的豐功偉業，只要遇到感覺比自己「低下」的人，就會擺出瞧不起人的傲慢態度；但如果對方的身分地位優於自己，就會刻意討好奉承。

我們有些共同的朋友會表示：「想到A我就火大！」不過我對她倒沒那麼強烈的反感（但要是她的攻擊是衝著我來，我也是會瞬間秒怒啦）。

A之所以會變成這樣，問題都出在「教養」。我並不是因為瞧不起A而說她「沒教養」。所謂教養，不僅限於孩童時期的管教，更涉及將一個孩子培養成大人的漫長過程。我想她應該是因為受到某些無可避免的原因，才會有這樣無禮的言行舉止。

此外，A很可能過得並不快樂，缺乏自信，所以才會想靠炫耀與貶抑他人建立自我感覺良好的優越感。

不過，我並不清楚她的狀況，畢竟一個人的內心並不是這麼容易就能了解的。因此，我所採取的態度就是：「要講就由他講吧」，不予理會，也不在意。

對於這樣的人，如果你真的覺得很煩，被惹惱了，就表面上裝作在聽他說話，但內心的接收器就關上吧！你無須探究對方性格中「黑暗」的部分，也不用在乎他批評或輕視別人的言詞。

例如，同事對你冷嘲熱諷：「現在這麼忙，你居然還好意思休息！」這時，你只需簡單回覆「真不好意思」，無須反擊回嗆。即使面對在私底下說你壞話的人，也可以保持表面上的禮貌，向對方打個招呼說句「辛苦嘍」。

對方那些討人厭的言行舉止，基本上都是「對方」的問題，並不是「你」的問題。別將對方的責任和自己的責任混為一談。

你不必探究自己是否做錯了什麼，也無須因為對方討厭你而覺得苦惱，更不用反駁「才不是這樣」，希望對方能理解你的想法，這些都是鑽牛角尖、耗費心力的反應。

你要做的是「只聽自己需要的部分，其他就充耳不聞」。一旦你擺脫負面情緒，說不定會發現其實對方也沒那麼討厭，彼此的關係也會改善。

【設定你的人際邊界】

06 保持適度的親密與距離

會爆發人際關係的戰爭，大多是在彼此距離太近的時候。這種「距離感」是女性在人際關係中最需要注意的關鍵。

相較於通常以上下級建立關係連結的男性，基本上女性之間較無階級之爭，彼此擁有平等的地位，能建立和諧友好的關係。

然而，每個人在心理上都各自有感覺自在的「個人空間」，如果別人隨意闖入，就會覺得不舒服，導致摩擦增加，進而產生不滿，或是一時疏忽在無意間說了會得罪人的話。

再好的關係也不該輕易越界。不管是愛情或者友情，保持分寸感，是維持親密關係的前提。

就像行車時需要保持「車距」，人也需要視與對方的親疏遠近，在自己能接受的範圍內，找到對方能夠靠近你的最佳距離。

要找到這種「若即若離」的距離感，需要注意以下三個重點。

一、注意「保持距離」的警訊。

除了藉由對方的話語或表情拿捏距離感之外，更重要的是要關注自身的心理狀態，隨時意識到是否有保持「讓內心感覺輕鬆的距離感」。

一旦覺得憤怒或煩躁，那就是「注意！要保持距離！」的警報，同時也是重新審視彼此相處時間及應對方式的時候。

二、**保持平常心，找到最佳的社交距離**。

面對不喜歡的人時，如果直接擺出「我就是討厭你！」的直白態度，會讓氣氛變得尷尬，對方也很難找到適合的台階下。

在保持基本禮貌的前提下，以平常心對待，如果有事情需要雙向溝通時，你可以表達意見，也可以在對方有需要時給予協助，但無須聊及自己的心情或進一步的想法，事情辦完後就即刻離開。

三、**有多個屬於自己的「心靈基地」，並培養嗜好**。

對於同事、家人等每天都得打照面的人，即使彼此不交談也難免會受到影響。在有限的空間裡，更需要留意保持一定的社交距離。

此外，藉由到不同的場所活動，或是專注於其他事物，能適度轉換心情，保持內心的平靜。

面對需要長時間相處的人，不論是家人、另一半或是同事，我們要懂得拿捏分寸，不踩線，找到彼此都舒服的相處方式，才能讓關係保鮮。

【逃避不可恥且有用】

07 情緒失控前先暫離現場

「閃人」或「逃避」，或許會被視為是弱者的行徑，但為了生存，卻是必要的相處之道。

尤其當你情緒激動時，更建議先讓自己抽離當下的情境。因為一旦意氣用事，就會無法冷靜思考，失去判斷力。

在盛怒之下發生衝突，非但不能解決問題，事情還會偏離正軌，變得越來越複雜。

而且，當你越情緒化，就越會覺得對方是「可恨的敵人」。

但我的意思並非不能有情緒。只要是人，難免都會有理智斷線的時候，但讓帶有情緒性的話語脫口而出地宣洩，最終後悔的往往都是自己。

當情緒在瞬間像熱水壺一樣升溫沸騰時，最好的做法是先讓自己冷靜下來，然後再決定下一步該怎麼做。

成熟的女性不做火上加油的事，應該要適時停戰，讓傷害降到最低。

生氣時，記得先忍住怒氣，在心裡默數「1、2、3……」這樣做可以使暴怒的情緒不會維持太久。數到10之後，心情就會逐漸平靜。

接下來，你可以試圖平心靜氣地說：「我知道了」、「我現在剛好有點事……」這類的話，暫時離開現場。然後喝杯茶，活動一下身體，同時想想晚餐要吃什麼，轉移注意力，這麼一來，先前惱怒的事情就漸漸變得不那麼重要了。

總之，要平復激動的情緒，最有效的方法就是「暫時換個環境」、「給自己一點緩衝時間」、「做其他的事」，這樣就能逐漸回到客觀的角度看待事情及當下的狀況。

待情緒穩定後，就要集中精神思考出明智的解決方案，而非一直停留在情緒化的狀態。

當對方情緒失控，或你遭到職權騷擾、霸凌，面對這些複雜陰險的人際關係時，「逃避」也是必要的策略。如果真的無法置身事外，盡量讓自己在冷靜的時候應對與處理。

認真的人會努力突破困境，但請優先考量自己的身心健康。請記住，人生有些時刻，「逃避」並不可恥，而且有用。

【「讓對方配合自己的步調」的戰術】

08 巧妙閃躲對方的攻擊

前面已經傳授各位像是「別放在心上」、「保持距離」和「逃避」等戰術，但有時候光靠這些方法仍無法解決問題。

當對方咄咄逼人，或處於戰鬥模式，但如果你仍希望對方能了解你的想法時，就需要「溝通」和「進行談判」了。

這種情況下，最適合的戰術就是「巧妙地閃躲攻擊，並讓對方配合自己的步調」。所謂的「巧妙閃躲」，就是「不要正面迎擊」。

這種「不戰」的精神，跟合氣道精神非常類似。合氣道並不是要在比賽中分出勝負高下，而是要藉由「技巧」來化解與對方的對立。表面上看來像是防身術，實際上是在無形中化解對方的攻勢，將局勢扭轉為朝自己有利的方向發展。

若將合氣道的這些招數替換成「巧妙閃躲敵人的戰術」，就可歸納出下列幾項技巧。

一、**連結**：配合對方的呼吸，解讀招數。↓**理解對方的需求**。

二、**引導**：進入對方的守備範圍後，不要使力。↓**讓對方感到安心**。

三、**化解**：化解對方的進攻，然後出招。↓**讓對方卸下防備，再說出自己的意見**。

首先，站在對方的立場，了解對方「想要怎麼做」，也就是「需求」。例如，如果有人對你不滿、批評你，你可以得知對方是「希望藉由打壓他人來保持優勢」；當遇到眼睛長在頭頂上、驕傲自滿的人，你能了解對方是「渴望獲得認同」；而展現出敵意的人，其實是個「內心有困擾，且值得同情的人」。

因此，接下來要祭出第二點提到的，就是讓對方感到安心。你不需要刻意逢迎奉承，但若能先向對方表示「我對你甘拜下風」、「你真不是蓋的」之類的讚美，率先傳達敬意或好感，對方就會感到安心，敵意漸除。

這裡的重點是做到「表面上」的配合，至於你內心要怎麼想那是你的自由。人際關係的關鍵在於「如何應對」。

最後，到達第三點的平和狀態時，你便能輕鬆說出想要表達的話語，像是「希望你給予指導時能親切一點喔」，最終的目標就是進入笑容模式。

有關「巧妙閃躲」的戰術，在第五章會進一步詳述。

【對人際關係保持平常心的祕訣】

09 從令人疲憊的人際關係中釋放自己

希望不再讓人際關係成為煩惱的方法有兩種，一種是改善人際關係，另一種是即使關係不好也盡量不要太苦惱。

努力改善人際關係固然重要，但關係並不會因為你的努力就立刻變好。

面對任何人際關係都能盡量不煩惱的訣竅，就是停止認為「非得改善人際關係不可」，而是換另一種思考方式，對於「人際關係」、「對方」、「自己」，都只要認為「現在這樣就好」，就會感覺輕鬆許多。

人際關係無須完美。當你自覺又將陷入煩惱之際，請告訴自己以下這三句話。

一、對於不盡理想的人際關係，抱持「現在這樣也挺好」的態度。

每個人都有各自的想法與價值觀，因此難免會產生摩擦。如果你能想著：「過一陣子情況可能就會改善了吧，現在這樣也還好啦」、「我不一定非得跟他成為朋友」、「保持一些距離也不錯」、「彼此還有往來就好了」，這樣就不會覺得太焦慮。

二、面對令人困擾的人，抱持「世界上也有這種人」的觀念。

當你遇到討厭的人時，讓自己困在「太過分！」「真誇張！」這樣的執念中，跟轉念想到「世上居然有這種人！」這兩種想法帶給人的感受大不相同。

被惹惱時，若期待對方能夠改變，煩惱將永遠無法根除，因為我們無法強制改變他人。但如能認清「世界上的確有這種人存在」的事實，就能泰然自若地與對方相處。真正能做的改變，只有從改變你自己開始。

三、**接受與人相處不順利的事實，抱持「這樣的自己也不差」的想法**。

對於無法建立理想人際關係的自己，不必自責「為什麼我這麼糟糕？」「別人是不是都討厭我？」那也是沒辦法的事，因為你就是你。

與其坐困愁城，煩惱不已，不如不要再執著於這些糟心事，趕走腦海中那些不想要的、入侵式的念頭。

慢慢你會發現，這樣的你，也是很不錯的。接受自己的全部，人生才不會被卡住。

人際關係並不會因為你覺得煩惱、苦悶而改善，浪費生命為這種事情困擾實在太不值得了。時間寶貴，應該盡量用於品味幸福才是。

【認真計較就輸了！】

10 迷失在別人的話語裡，會找不到自己

前幾天我在等公車時，親眼目睹一名前輩對女性後進說：「要我講幾次你才會懂啊?!」「這麼簡單的事，正常人應該馬上就能理解吧？」言詞非常苛刻嚴厲。那位後進則小聲地不停道歉：「對不起……」

被他人否定後，難免會讓自我肯定感低落。尤其越認真負責的人，就越會把這些毒性話語當真，因而否定自己，甚至自責。

但是，等一下！這些侮辱謾罵真的需要認真看待嗎？

讓我們先想想，這些（讓你覺得是）自我否定、自我厭惡，或讓你苦惱、受傷

的話語，本質究竟是什麼。

嘴巴長在別人臉上，我們無法控制他們要說什麼。像上述那位資深前輩，之所以語帶敵意地侮辱人，可能有下面幾種原因。

一、那些惡言惡語，是他複製過往曾遭遇的同樣經驗。也就是說，曾經的受害者將自身的痛苦加諸於他人身上，想讓別人也嘗到相同的痛苦，這樣可以滿足個人的自卑心理，覺得自己很行。

二、他比較自我中心主義，也缺乏自信與安全感，所以會先以否定的形式，給別人下馬威。

三、他認為所有事情都要以他為中心，所以貶低別人，能讓自己看起來高高在上。

四、只生活在自己的世界裡，習慣說教，以至於無法聽進別人的話。

但不論是哪一種情況，這些只不過是說話者自身「價值觀的投射」。

這種人在說話時，並沒有考慮到這些話會對別人造成什麼影響。他們只是透過「自己」的過濾器，說出了「自認為正確」的話，甚至才剛說完就把這些話忘得一乾二淨。

因此，請將「別人的想法」與「自己的想法」區分清楚。

你只要在心裡想著：「對方只是說出他的想法」、「沒辦法，這就是我」，這樣就行了，不需評判對方或自己是對還是錯。否則在這樣被挑剔、嫌棄的過程中，被否定的你就會慢慢「被洗腦」。

【與可怕的人相處之道】

II 讓你避之唯恐不及的人，究竟哪裡可怕？

幾乎所有的工作場所都會有一、兩個令人格外畏懼的人，讓我們產生「主管好可怕，每次報告的時候我都心驚膽戰」、「鄰座的同事態度很囂張，讓我都不敢跟他說話」……等感受。因為有這樣令人害怕的人存在，所以會對人際關係感到苦惱是很正常的。

在這裡我要告訴大家，如何探究「害怕」的本質，並了解「與可怕的人打交道」的方法。

一、**思考「對方究竟哪裡可怕？」**

首先，冷靜下來，思考對方的哪一點特別讓你感到可怕。是說話語氣嚴厲、態度強硬、表情嚇人，或是太過主觀？又或者你根本無法具體說出畏懼的原因。

總之應該會有各式各樣的理由，如此，就可以針對性地擬定應對之道。例如，盡量避免讓對方生氣，或是就算挨罵也可以自我安慰：「沒關係，我只是不善於處理被責怪的這件事情。」

如果對方過於強勢，就根據實際情況採取可行的方法，像是盡可能避免與對方有交集……等。

二、**思考「害怕的原因是什麼？是受過去的恐懼影響嗎？」**

會感到害怕的原因，幾乎都源於過往經驗所累積的恐懼。例如，小時候曾被老師嚴厲斥責、被態度囂張的同學霸凌……等令人膽戰心驚的經歷。出於自我防衛的本能，當然不會想再面臨相同的情境，在此背景因素下產生的心理傷痕，就是你之所以感到畏懼的真正原因。

當我們恐懼不安時，會無法冷靜判斷，而反覆陷在「對方好可怕＝我很無助」的情緒裡，並且將這樣的感覺深印在腦海中。但這只是一種錯覺。

在面對極度情緒化、脾氣火爆的人時，只要心想：「我已經是個成年人，不需要再這麼害怕。」或多或少就能減輕心中的恐懼感。

三、**思考「如果讓你害怕的人是你的國中同學呢？」**

當你害怕時，往往只會看到對方的可怕之處。然而，令你畏懼的對象也只是個平凡人。如果在國中時期，說不定他還會是跟你一起挨老師罵的好麻吉呢！

你可以在心裡偷偷幫對方取個有趣的綽號，說不定這樣就能緩解你深深的恐懼，對對方的看法也會逐漸改觀，甚至還可以跟較熟的朋友開玩笑說：「我們公司有個很恐怖的同事耶！我前幾天還惹他生氣了。」把這種經歷當作有趣的聊天話題。即使你還是會害怕對方，卻不會再像之前一樣覺得無助。

不妨試著像玩遊戲一樣，以輕鬆的心態克服心魔、戰勝焦慮吧！

【別再把「別人」當成「自己」】

12 別人是別人，我是我

即使已經盡量避免與人起衝突，但應該還是有對於人際關係太在意，因而感到筋疲力竭的人吧。

事實上，我也曾是這種人。我曾做過許多討好與迎合他人的行為，包括試圖融入別人的小圈圈、和任何人都想好好相處，或是表達意見時會在意別人的看法，總之無論做什麼都會察言觀色。但我努力「當好人」的結果，卻被批評為「這個人真善變！」這讓我自我懷疑，也悶悶不樂。

但如今我不會再為人際關係苦惱，也有自信能和大多數人好好相處，因為我已經養成停止做下列三件事的習慣：

一、不再「和別人比較」。

二、不再「迎合別人」。

三、不再「在意別人的眼光」。

過度糾結於「自己為什麼不如人？」「為什麼和別人格格不入？」「人家不認同我怎麼辦？」的想法，就是因為分不清他人與自己的差異，會為了獲得他人的尊重和認可，過度堅持己見，或是恰恰相反地陷入強迫自己要配合對方步調的困境。

這種「害怕和別人不一樣」的行為，可能是承襲自我們祖先所遺傳的基因。彼時生活在狹小的聚落中，人與人關係緊密，所以會模仿他人的行為，並且在意別人如何看待自己。不過在現代，每個人都能開創屬於自己的人生，依循「人各有志」

的原則生活。

太過在意別人，就會一直被支配。為了戒除過往的壞習慣，我經常會告訴自己：「別人是別人，我是我」、「我有我自己的價值」。然後，做決定時會不以「別人」，而是以「自我」為標準。

舉幾個生活實例。例如，不管同事想吃什麼，總之午餐我就吃自己想吃的食物。又或即使被批評、勸阻，也會忠於自己，選擇自己想從事的工作或喜歡的休閒娛樂。

藉由把重點放在「為了讓自己能夠過得舒服，所以要這樣做」的方式，我開始不再在乎別人說的話，可以自在地與人相處。這樣不僅能處理好人際關係，連生活都會變自在了。

【情緒也需要修飾】

13 心口不一又何妨？

前陣子，有幾位四十多歲的職業婦女分享了他們在想法上的改變。

「想當初二十幾歲在聚餐時被要求幫其他人倒酒時，真是一肚子火，覺得自己居然得做這種阿諛奉承的事，真是蠢透了。不過現在要是這樣做能讓對方開心的話，我是完全不介意的。」

另一位女性聽完後立刻接腔：「我懂我懂！以前我年輕時跟人起衝突，也會心高氣傲地覺得：『為什麼是我道歉？』但現在的我會認為，如果道歉能解決事情，要我道歉幾次都沒問題。」

隨著年齡增長，這些女性的心胸也越來越開闊，我認為這種情況可以稱為「精神層次提升」。那些具有較高精神層次的女性，他們的內心能常保平靜穩定，也不會惡意中傷他人。

這裡介紹一些「在人際關係中能提升精神層次」的心法。如果能夠培養較高精神層次的思考習慣，就能從令人疲憊的人際關係中釋放自己。

一、**你心裡要怎麼想都無所謂**。

每個人的內心都是自由的，沒有人能掌控，也沒有人可以窺探。

你可以覺得「那個人真討厭」，或是認為「他很幼稚耶」，這些都沒關係。一旦內心湧現某些情緒或念頭，是很難控制或改變的。你無須為這種負面情緒而自責，請放心，儘管隨心所欲，你要怎麼想都無所謂。

二、言不由衷又何妨。

你是不是認為，如果自己言行不一、口是心非，就代表自己是個表裡不一、說一套做一套的雙面人呢？其實這是精神層次較低的想法。

有時候，我們必須出於禮貌或為了自我保護，而說些場面話，這就是「社交虛偽」。但只要你了解自己真正的想法就夠了。

即使別人對你說應酬話的行為頗不以為然，你也無須動怒，在心裡默默想著「這個人真是不會做人！」同時可以簡單回應：「哦，是嗎？」之類的話，輕鬆帶過就好。

三、傷害他人是「精神層次低」的證明。

精神層次低的人，只會從自己的利益出發。反之，精神層次越高的人，格局也越大，凡事先想到的會是自己的責任，而不是利益。他們不會口出惡言，也不會因為別人的看法而輕易改變自己的本性。和善待人會更有自信也更快樂。

別忘了，你的內心、言行、舉止都是自由的，你可以自己做決定。

【與其競爭，不如互助】

14 在女性小團體中的生存之道

很多人都說，「女性間的人際關係很難搞」、「女性拉攏小團體就是在勾心鬥角」，但只要掌握基本技巧，其實並沒有那麼困難。

在昔日村落的居住型態，女性會勤於交流與合作。比如，用「最近菜價好貴啊！」這種能引起共鳴的話題，拉近彼此的距離；而對方也會回以「就是說呀。剛好我老家寄了青菜過來，我分一些給你吧……」這類簡單的互助行為來建立情誼。

基本上，女性的人際關係就是建立在「我懂，我明白你的意思！」這種共鳴與互惠的精神上。

對女性而言，什麼樣的人會變成「全民公敵」呢？沒錯，就是會「破壞和諧的女人」。這種人只為自己著想，試圖集眾人目光於一身。

所謂「棒打出頭鳥」，這些只在乎自身利益的女性，終會因為其他人的嫉妒，而被毫不留情地制裁或報復。

想要在女性的小團體裡生存，有三項必定要遵守的原則。

一、慷慨給予，樂於分享。

在女性的人際關係中，「互助」比「競爭」更重要。

不要成為自私的索取者，或計較公平的互利者，而要做個成功、有智慧的給予者。只要你誠心待人，總有一天會得到回報。

二、**克制表現欲**。

喜歡自我吹噓、愛炫耀，以及過度渴望被認同的表現，都會惹人厭。

不刻意誇耀自己，更能提升自身價值，獲得更多認可。

三、**展現「走自己的路」的堅定意志**。

在人生這條路上，展現出「別人是別人，我是我」，每個人都是獨一無二個體的態度，就不容易捲入人際關係中的糾葛，也更容易獲得他人的支持。

至於能夠輕鬆實踐此法的具體行為，我將在第二章中詳細說明。

要避免與人起衝突，並不是一味容忍退讓就能解決。

在日常生活中，人們總是會有不同的意見，也有些人的確只在乎自己是否快樂。因此，平時用「共感」、「互助」的方式，藉此展現出「我不是你的敵人，請放心」的態度。只要能建立這樣的信賴關係，周遭的人就會認同你、支持你，並樂見你成功，成為你堅實的後盾。

第2章

無往不利的人際潛規則

【主動表達善意】

15 從簡單的問候開始建立關係

人際關係圓滿的人，常會以一些簡單的話語向人表達關懷之意。

或許有些人個性沒那麼積極，不善於主動與人交談，但對於同事、媽媽友或是朋友等這些經常見面的人，只要打招呼時再多加句話，像是「最近好常下雨哦」、「這陣子忙不忙？」「週末的活動好玩嗎？」這樣簡單的噓寒問暖應該不難吧！

不必把這類的關懷問候想得太難，也無須刻意絞盡腦汁想些好事來說。對女性而言，日常交流的「次數」比「質量」更重要。這種對話不是為了要達到明確的目的，而是為了培養彼此感情，以及與對方建立連結。在看似無關緊要的閒聊中，能讓對方感受到「你關心我」、「你認同我」，進而自然回報關懷，或是能進一步聊些更深入的話題。

相反地，明明身邊有人，卻覺得「彼此毫無交集」、「對方根本不了解我」、「感覺很生疏」，例如，與人一同搭電梯時空氣突然變得安靜，或是比鄰而坐但因完全不熟而無話可說，都會令人覺得尷尬或孤單。

遇到這些情況，只要你釋出善意，開啟彼此的互動，對方可能就會因為你友善的態度而主動開啟話題。

有個很好的例子。像是大阪的阿姨、大嬸，即使對陌生人也會詢問：「要不要吃顆糖？」如果能遇到這樣親切的人，一定會感到很窩心。

在這個人人都容易因為過於忙碌而「只想到自己」的現代社會中，如果能秉持「不只在乎自己，也懂得關心別人」的精神，就能為周圍的人帶來慰藉、支持和鼓勵，並有助於打破陷入自我封閉或孤獨的狀態。

偶爾請同事吃零食或甜點：「下午三點了，請你吃個下午茶小點心！」這看起來只是件小事，卻具有令人際增溫的絕佳效果。即使自己的工作也忙到不可開交，但仍不忘體貼問候對方：「還好嗎？需不需要幫忙？」或是表達關心：「最近都沒見到你，還在想你怎麼了呢！」

另外，注意到對方的小變化，比如：「你剪了短髮很好看哦！」為了建立良好的人際關係，保持這類樂於與人互動的態度非常重要。

女性之間的對話，不一定要有特定的話題，就算只是天南地北地閒聊也無妨。平常就勤於與人保持輕鬆簡單的溝通及交流，在需要合作的關鍵時刻，就能成為良好的助力。

16 贏得好人緣的有效讚美法

所有人都喜歡被讚美、被欣賞、被肯定，尤其是女性，讚美更是他們自信的來源。他們對於發現自身優點，並不吝於告知的人，也會產生好感。

儘管如此，但為了讚美而讚美，也未免太虛偽了。經常聽到有人說：「用高八度的音調互誇彼此『好可愛哦～～』的『客套話比賽』，真是超敷衍的。」「只會用一百零一招誇讚別人的衣服或包包，實在太老套了。」

同樣身為女性，讚美之詞究竟是發自肺腑的真誠，還是出於敷衍的虛假，其實對方都感覺得出來。

能讓對方開心的有效讚美法需要技巧，不是隨意說幾句恭維話就能奏效。除了表情與聲音要同步，還要注意以下幾項重點，才能表達出你的真誠之意。

一、**只要仔細觀察對方，就會發現許多值得讚美之處**。

參加同學會等聚會，遇到久違的老友，如果只能說出「你好美喔～～」「你看起來還是跟以前一樣那麼年輕～～」這類空泛的「無靈魂讚美」，那就太流於形式了。

如果能抱持善意多留意和觀察，就會發覺對方獨有的優點，像是「你說話的用詞好優雅耶！」「你穿搭的品味仍然一流」等。

此外，把讚美變成習慣的人，除了能看到別人的好，也能看見事情的好。

二、**覺得對方「很厲害」時，即使是小事也要立刻告知**。

「讚美」是有時效性的。如果等事情經過一段時間才想到當初應該稱讚對方：「你那件工作處理得很好。」說不定當事人早就忘了。

所以，哪怕只是微不足道或枝微末節的小事，像是：「你剛才那場會議主持得很棒」、「你的辦公桌都整理得很乾淨耶」或「你製作的簡報非常清楚易懂」等，一旦注意到，就要立即說出來讓對方知道，即使只是簡單平實的讚美之辭也無妨。

三、**讚美連當事人都未察覺的細節**。

「你身材好好哦！」「你是某某大學畢業的，一定很聰明！」像這種顯而易見的優點，是大家都會注意到的。

但如果能針對連當事人都沒發現的強項予以肯定，會讓對方感受到你是真的發自內心地稱讚，也會認為「這個人讓我覺得我真的很與眾不同」。

以下是一些讓人能感受到溫暖的讚美練習。

❶讚美看似平凡的事，例如：「你的笑容讓人看了心情真好。」

❷讚美值得尊敬的事情，例如：「我覺得你總是守時的態度很棒！」

❸讚美對方的小改變，例如：「你今天的眼影顏色很適合你喔！」

❹讚美缺點的積極面，例如：「雖然人們說你優柔寡斷，但這也代表你在認真思考啊。」

❺讚美努力的態度，例如：「你總是在背後默默支持大家。」

❻讚美個性與內在，例如：「你坦率的態度讓人覺得值得信賴。」

【融入女性團體的祕訣】

17 擺脫邊緣人生，從建立一對一的人際關係開始

有不少女性在職場或與媽媽友的互動中，經常會有「其他人感情都很好，已經形成一個小團體，只有我再怎麼努力也無法擠進這個小圈圈！」或是「我一直在等別人主動找我攀談，卻始終等不到。」這類令人沮喪的感覺，有時也會因為對方對於自己的友善卻反應冷淡而感到失落。

像我的個性也不太積極，就經常會遇到這類狀況。不過，如果始終獨來獨往，不但無法得知所需的訊息，也沒有人在身旁加油打氣，更重要的是沒有聊天的對象，會覺得非常空虛寂寞。

接下來就介紹我學到能自然融入女性團體、與人打成一片的三大祕訣。

一、**先建立一對一的人際關係，而不是與所有成員套交情**。

當你想融入一個群體時，不用試圖立即跟所有成員都搞好關係。建議先找到容易親近的人，即使只有一個也好，從與對方建立關係開始踏出第一步。而且重點是：要等對方不在團體裡，而是獨自一人時再與他攀談。

有一位曾在許多公司擔任過派遣員工的人說：「到一個新環境時，先找看起來熱心的領導型人物，與對方建立良好關係後，自然就能融入大家的圈子，人際關係也會逐漸穩固。」

因此，即使是在群體中，人際關係仍是先透過一對一的交流建構而成。

二、**從「請對方提供情報」和「找到彼此的共同點」切入聊天的話題**。

剛到新公司上班時，你可以詢問同事：「你知道這附近有什麼不錯的午餐店嗎?麻煩告訴我一下。」若是跟媽媽友聊天，你可以說：「請問你是怎麼幫孩子選擇合適的課外活動呢？」像這樣以閒話家常的方式，開啟話匣子的問題。

此外，女性的其中一項特質，就是當彼此有許多共同點時，就會把對方視為盟友。聊天的話題可以從服裝或隨身物品開始，例如：「我也很喜歡這個牌子耶！」或是詢問對方的老家在哪：「我祖母是九州人，我也經常去那裡。」總之，一定能找到雙方有共鳴之處，然後再由此延續話題。

三、**不急著出風頭、求表現**。

如果因為想跟大家打成一片，就把全副心力都放在談論自己上，往往會令人反感。

首先，要傾聽別人說話，並適時提出：「這個可以讓我幫忙嗎？」或是主動提供資訊，這樣你將讓人另眼看待，獲得他人的好評與認同，進而成為團體中的一份子。

當然，如果一味迎合他人，只會把自己搞到筋疲力竭。在上述的原則下，也要展現真實的自己，表現出「我是這樣的人，請多多關照」，才能與人建立更理想的關係。

【不勉強自己，就能受女性歡迎的方法】

18 「稱呼名字」與「表達謝意」，就能拉近彼此的距離

每個人都希望自己受歡迎，希望能建立良好的人際關係。不過如果太在意這件事，就會經常試圖討好別人，或勉強自己迎合對方。

這裡要介紹不勉強自己，就能讓女性喜歡你的兩種方法，關鍵在於要讓對方有「小小的愉悅感」。

只要稍微留意什麼樣的話語或行為能令人感覺愉快，就能輕鬆取悅別人。

一、**「叫出對方的名字」，是最好的見面禮**。

當被人親切稱呼自己的名字時，會產生歸屬感與信任感，這種經驗相信大家都有過吧！

像是打招呼時對方說：「○○○，早安」，或是被詢問：「○○○，你有什麼看法？」時，就會意識到這些事或話題是跟自己有關，進而產生「要好好回應」的想法。

二、**對小事也能感到開心，並常說「謝謝」**。

你認為什麼樣的人，會讓你產生「當這個人有困難時，我想幫他」，或是「真想為這個人做些什麼」的想法呢？想必是那些「即使是小事也會覺得開心，並常心懷感激」的人吧！

容易開心的人，也會是取悅別人的高手。

要表達快樂之情，與其訴諸言詞，不如在表情上盡情展現。例如，接受別人幫忙時，面帶笑容地說道：「哇！謝謝你！」相信對方也會因為你的道謝而感到愉快。

情緒就像一面鏡子，我們對待別人的態度，會反映別人對待我們的態度。透過別人，我們看到的是真實的自己。

此外，除了簡單地說句「謝謝」，如果能表達「感謝＋（真高興）你幫了我一個大忙」，這樣會更有效。例如，當對方主動告知你訊息時，可以說：「謝謝，多虧有你幫忙。」或「謝謝，真高興你能想到我。」或許對方傳達的只是一樁小事，但你這樣說就會讓對方認為他做的事是有價值的。

【跟女性成為好麻吉的訣竅（1）】

19 不需「原諒」，而是「包容」

當女性因為家中育兒或長照等私人因素而影響工作時，與之共事的女同事反應可分成兩派。

一種是：「什麼？很煩耶。這樣會增加我們的工作量，壓力很大耶……」

另一種是：「每個人難免都會遇到困難，我們有時候也會麻煩別人啊！」

以上就是「女人的敵人就是女人」，或「女人的朋友就是女人」兩種截然不同的狀況。

當你覺得給人添麻煩時，如果對方能說出「沒關係啦，大家互相幫忙」這種貼心話，我們必然充滿感激，待日後對方有困難時，也會想有所回報，助對方一臂之力。這種「互惠互助」的心態，會感染周遭的人，進而產生團結意識。

像第一種覺得是給人添麻煩的人，只顧及眼前的得失，短視近利，缺乏長線思維，就長遠來看，只會損失更多。

我聽過有位女同事在朋友因工作的失誤而造成她的困擾時，曾這樣說道：「說『我原諒你』這種話，帶有像是主管般高高在上的架勢，這樣做不太對。應該說『沒關係，大家彼此彼此啦』。畢竟我也曾犯錯，給人造成麻煩啊！」

的確，「原諒」感覺像是在上位者對下屬的裁決。與之相較，「互相包容」則能提醒我們，其實大家都在同一條船上。

我們在成長過程中經常被教導「千萬別給人添麻煩」，但即使再怎麼小心翼翼，仍不免有需要他人協助的時候。還有些人天生就會添亂，闖了禍又不知道要收拾，常苦了周圍的人出手接下爛攤子。

碰到這種人，如果你能轉個念頭想：「他們從小就是這樣，可能自己也沒察覺到。我也有自己沒留意到的缺點，有時候也會不小心造成別人的不便，就互相包容吧！」

與其追求當個「完美」、「不給人添麻煩」的人，不如當個能幫助別人，也能接受幫助的人。

20 「傳達・整理・討論・確認」的溝通要訣

無論是單身或處於親密關係中的女性，擁有一群同性朋友都是很重要的。諸如：「公司裡所有的女性同事要團結一致，才能改變性別歧視的不公平規定。」「因為有其他媽媽友的幫忙，我才能兼顧工作和育兒。」像這類女性齊心協力、互助合作的例子不勝枚舉。

想與人為友，重在真誠的溝通，但這並不表示要花很多的時間才能建立良好的關係。只要雙方志同道合，有共同的目標，並且不要忽視做人做事的基本原則，就算彼此相處的時間不長，也能擁有好交情。

相反地，如果發生對方說「我從沒聽過這件事」這種被蒙在鼓裡的情況，會讓人覺得自己被刻意排擠，彼此的關係就會出現裂痕。

女人的心事，姊妹淘最懂！現在就說明與女性結為好友的「傳達・整理・討論・確認」的訣竅。

一、**將訊息確實傳達給「想了解、感興趣的人」**。

比方說，你請朋友推薦適合約會的好餐廳，但在朋友提供名單後你就未再跟對方提及此事。但你的朋友可能會很好奇後續的發展，比如你是否已經造訪，或是去過之後有何評價等。

所以，如果你能主動告知：「上次你推薦的那間餐廳很棒耶！」光是這樣簡單的一句話，對方就會很高興，覺得自己的意見被重視，說不定還會跟你說：「下次你有需要時可以再問我喔！」

此外，現在社群媒體十分流行，許多人都會把各式各樣的消息放上網路，資訊的傳播變得更加快速和廣泛，有時還沒被當事人告知，就已經先在社群平台上看到朋友結婚或生子等訊息。我們必須仔細思考「想知道訊息的人」到底是誰，才能在傳遞訊息時針對對方的興趣與需求，更精準且有效地進行溝通。

二、以「5W1H」方式整理資訊。

即使已經進行聯繫，但若對方未能正確理解你所傳達的訊息，後續可能會導致問題。

要讓信息簡單明確易懂，必須掌握5W1H：「何時（When）？」「何處（Where）？」「何人（Who）？」「何事（What）？」「為何（Why）？」「如何（How）？」從以上這幾個方向進行思考，基本上就能傳達重點。

三、與適合的人進行討論。

當感到擔憂或煩惱時，利用「討論」能讓他人和你一起解決難題。但若只和同一個人討論工作、愛情、家庭等不同類型的問題，或是向難以產生共鳴，又或價值觀不同的人尋求建議，可能會造成反效果。

沒有人是萬事通，每個人都各有長處或盲點。你可以依據問題的種類跟不同的人聊聊，「如果詢問這個人，他（她）應該會比較了解吧。」分散諮詢的對象，可以獲得比較適合而客觀的建議。

四、確認後再行動，可降低發生錯誤的風險。

如果省略了確認的步驟，認為「不告知也無所謂吧？」有時候在事後會被指責。

比如：「這項工作可以明天再做嗎？」「會議選在這裡舉行好嗎？」等，適時向負責人確認，不但能即時與對方分享資訊，也能確保自己是基於正確的指示才採取行動，如此能避免不必要的麻煩或錯誤。尤其對於關係親密的人，更要確實做到這點。

【讓人「想跟你再多聊聊」的傾聽法】

21 「會傾聽」比「會說話」更受歡迎

能建立良好人際關係的人，大多被認為是因為社交能力強、能言善道，但其實他們的強項是「善於傾聽」。

傾聽是溝通的起點。我身邊會讓人覺得「想再見面」、「想多聊聊」的人，多半能耐心傾聽，也能理解對方的感受與需求。他們在與人交流會予以回饋地說道：「對對對！真的就是這樣」、「就是會有這種事啊」，讓人感受到「我很認真在聽你說喔」。

有道是，「女人圈都是靠『共鳴』來維持聯繫」。共鳴式的傾聽，是以尊重與同理心建立真誠的互動，能讓說話者覺得「他好懂我！」「我可以信任他！」進而感到安心與信賴。這樣的氛圍也會讓對方更專注聆聽，形成積極正向的循環。

然而，並非任何人都能掌握傾聽的箇中訣竅。當別人說話時，我們可能會覺得不耐煩，或忍不住打斷對方：「不對不對，才不是這樣！」然後開始說教。還有人會更誇張地把話題轉移到自己身上：「像我的話呢～～」然後喋喋不休地說起自己的事情。這些行為都是因為缺乏傾聽的訓練所致。

在聽別人說話時，我們可能不太容易阻止自己在心裡下判斷，表示喜歡、不喜歡、同意、不同意，所以無法專心聆聽，於是不自覺就形成對立的態勢。但如果我們能擁有「每個人都有各自的想法和價值觀」的觀念，就不會否定對方的言論，而能專心傾聽。

所以，溝通不是說出來，而是聽出來的。聆聽的重點不在尋找他人與自己的

「不同之處」，而是要將注意力放在彼此能產生共鳴或自己可學習的地方。

沒有傾聽，就無法溝通。唯有好好聽對方在說什麼，才能真正聽懂對方要表達的涵義，而不是急著下判斷，讓溝通無法達到共識而破局。

【受人喜愛的女性禮儀】

22 被請客必須「道謝兩次」

有一位女性主管曾這麼說：

「我們公司的新人，雖然有些自視甚高，但因為他真的很有禮貌，所以很受前輩們的喜愛。他能理解人際關係在工作中的重要，擁有這種特質真的很具優勢。」

受人喜愛與不受人喜愛的女性，兩者的差別除了「真誠」與「努力」之外，最重要的就是「禮貌」。尤其在女性上下屬關係中，禮貌更是重要。

所謂的禮貌，是確認彼此都能遵循一套行為準則或社交規範，以確保能相互理解和尊重。如果無法遵守共同規則，會令人忍不住想飆罵對方：「基本的禮貌都不懂，你到底是怎麼回事啊！」

容易受前輩喜愛的女性，由於他們能適時展現「我尊重你是前輩」的謙虛態度，因此能讓對方感到被信任。即使不擅交際，或是有些傲慢、少根筋的人，職場老員工也不至於與對方斤斤計較，而會選擇原諒與包容。

禮貌多半是自幼就已養成的習慣，因此基本上並不困難。像是接受幫忙時要道謝、給人添麻煩時要道歉、遇到提問就立刻回答、認真傾聽別人說話……等，只要做到這些再平常不過的事情即可。

然而，有時我們會因為這些基本禮儀實在太理所當然而不小心輕忽了。例如對有好交情的主管講話沒大沒小、打招呼也很隨便，或是避免跟難相處的人交談。重點是既然得做，那就要把每件事都做到最好。

比方說，當前輩請你吃午餐時，你會如何表達謝意呢？

一般人或許認為在結帳買單時向對方說聲謝謝就夠了，或者嘴甜地吹捧道：

「每次跟前輩一起吃飯都能享受到美食，真是太幸福了。」

但受人喜愛的女性，在回家後就會立刻傳簡訊致謝，或是隔天早上打招呼時再當面道謝一次。同樣的話只講一次對方可能沒什麼感覺，但如果講兩次就會效果加倍。

站在前輩的角度，他們可能會想：「這個年輕人真有禮貌！既然他這麼高興，下次再帶他去吃好料吧！」

在眾多禮儀中，「主動打招呼」和「道謝兩次」這兩件事毫不費力，但效果卻非常好。如果能確實做到，相信前輩肯定會對你另眼相看。

【內向一族的人際關係指南】

23 不善於社交的內向人，也能打造好人脈

這世上有人個性外向，善於社交；也有人很內向，不容易敞開心房，不會主動表現自我，因此很難交到朋友。

然而，內向害羞的人，不需要勉強自己變得外向。

內向者多半不善於說謊，表裡一致，也不會強迫別人必須接受自己的觀點。因此一旦與內向者相處融洽，往往可以獲得對方信任，建立深厚的關係。

如果你也屬於上述這類的個性慢熱型，請不要心急，願意與你成為好友的人一定會出現。

請想像自己是在「人際關係界」經營一間小店。這間商店沒有大肆宣傳，陳設稱不上豪華，老闆也不是能言善道的類型，但他很重視上門的顧客，會盡力讓對方感覺購物愉快……這就是你應該努力經營的店鋪——不需要追求生意興隆，而是讓造訪過的顧客都感到滿意，而且會固定回訪。

不擅長社交的內向人該如何與人建立交情呢？有下列三點訣竅。

一、對他人說的話要「附和」和「提問」。

在與人聊天時，為了讓對方能愉快暢談，在聆聽時請面帶微笑並適時附和，予以肯定的回應，像是：「原來是這樣啊」、「你說的沒錯」。

此外，不要提出僅能以「是」或「不是」回覆的簡答題。透過「為什麼？」「怎麼了呢？」這類5W1H式的提問，就能延伸話題，讓你不再成為句點王。

二、**了解對方的喜好**。

一開始就想完全了解對方的一切是不可能的。可以在言談當中，逐漸發現對方的喜好，比方喜歡的食物、書籍、運動、電視節目或藝人等，就能慢慢將這些內容帶進談話中。當對方覺得「你很了解我」時，就能和你聊得更盡興。

三、**找出「彼此的共同點」與「對方值得尊敬之處」**。

即使彼此的年齡、工作、觀念不同，還是能找到一些共同點，讓對方產生「我也是！」的興奮共感。在炒熱話題之後，就能立刻拉近雙方的距離。

此外，試著從同學或同事等與自己有較多共同點的人身上，發現對方值得學習之處，像是技能、個性等。透過交換資訊或互相幫助，也能讓彼此關係更加緊密。

【如何擁有讓女性喜愛的笑容】

24 保持微笑的神奇魔力

「只要有這個人在，氣氛就會變得很愉快。」這樣的人，先不論他是否健談，或個性是否開朗外向，但他應該是常面帶微笑的人。

以動畫角色為例，就像海螺小姐[1]。她在採購完日用品的回家途中，會開心地跟鄰居主婦閒聊；邊哼歌邊準備晚餐，在家人回來時會充滿活力地對對方說「辛苦啦～～」……雖然這是設定在昭和時代的家庭主婦形象，但在現代職場或朋友圈

1 譯註：サザエさん，日本長壽動畫的主角名。

中，要是能有像海螺小姐這樣的人，氣氛一定會很溫馨而愉快。

在女性人際關係中，笑容是能讓一切進行得更順暢的潤滑劑。只要面帶微笑，即使與人是初次見面，也會迅速贏得對方好感；若雙方是舊識，關係則會更為親密。當需要轉達壞消息時，這類友善的人也能婉轉告知，進而減輕負面消息帶給對方的衝擊。

然而，同樣是笑容，各位身邊是不是也有「面帶受女性喜愛的笑容」，或是「笑容不怎麼討喜」的人呢？

類似業務員制式地皮笑肉不笑、嗤之以鼻地冷笑、嘴角挑起諷刺地嘲笑，或是沒人瞧見自己時就馬上收起笑容，板著一張臉……在笑容背後隱藏「輕蔑」和「心機」的雙面人，即使臉上堆滿笑容，也會讓周遭的人起戒心。

會受女性喜愛的笑容，是自然的微笑。與親近的人相處時，任何人都能輕鬆展現笑顏，但問題在於面對不熟悉，或不知該如何應對的對象，怎樣做才能自然微笑不僵硬呢？

首先，當與人打招呼，或是別人主動攀談時，記得帶著微笑正視對方。此外，傾聽別人說話時，要看著對方的眼睛，且嘴角微微上揚。「與人眼神交流」是建立信任關係的關鍵。我們常說「眼神會說話」，因為它能流露出言語或肢體所無法表達的情感，所以在對話時如果想讓他人感受到誠懇，別忘了一定要與對方有目光的接觸。

常保笑容，不僅能改善人際關係，自己也會感到愉快。人不是因為開心才笑，而是笑了才開心。沒錯，大家都會喜歡親近像海螺小姐那樣開朗的人。

【禮輕情意重】

25 利用小善意與小禮物建立交情

對女性而言，「小善意」、「小禮物」都是與人建立交情的方法。想想在你小時候，願意教人玩遊戲，或是會自己做卡片送人的那些小女生，是不是都比較受歡迎呢？長大後的你，相信也會發現，在辦公室裡會主動詢問同事是否需要幫忙的女性，都格外有人緣。

如果太在意別人究竟怎麼想，擔心「這樣做對方會不會不高興？」「多管閒事說不定會給人惹麻煩吧！」就會猶豫不決，遲遲無法將你的關懷付諸行動。但其實任何小善舉都會讓人開心。如果不清楚該表達到哪種程度，或是該送哪類型的禮物，可以參考下列三項原則：

一、**舉手之勞最討喜**。

如果要贈禮給女性朋友，讓他感受到你的謝意或友好，最好是送對方接受後也不會感覺有負擔的小東西。例如，如果送對方昂貴的生日禮物，會讓收禮者倍感壓力，甚至會苦惱該送什麼回禮。

與其一下子釋出過多善意，令對方覺得不好意思或不知所措，不如多做些能增加彼此溝通與交流機會的小事，藉此培養出同伴的情誼。

此外，在工作上幫忙別人時，切勿擺出「我是特別撥出時間幫你！」的施恩態度，應該自然而隨意地表示「我剛好有空」，這樣會讓對方更容易心懷感激地欣然接受。

二、**站在對方的立場思考。**

即使你的行為是出於一片好意，但如果對方並不需要，可能就會被視為多管閒事。像是急著幫對方完成工作、擅自提供對方穿搭的建議、把自己不要的東西硬塞給人家……注意，行善的重點在於不要以自我為中心，而要讓對方感到高興。

只要仔細觀察對方的需求，就會知道自己該做什麼才能投其所好，像是對即將旅行的人提供相關資訊，為加班的人送瓶能量飲等。如果實在不知道能做什麼時，不妨開口詢問：「你需要幫忙嗎？」讓對方直接告訴你他的需求，也是一種方法。

三、**施惠勿念，也不求回報。**

千萬記得，無論我們多友善或贈送對方什麼樣的禮物，絕不能因為沒收到回禮而心懷怨怒，抱怨「害我白白花了那麼多冤枉錢！」如果事後對於自己的付出耿耿於懷，不如當初就別做。

盡量多做些能讓別人跟自己都感到高興的事，並在當下就把此事拋諸腦後，別再念念不忘。

如果有件事情能讓對方與自己都覺得幸福，那麼無論我們付出多少，都是值得的。

【受女性喜愛的訣竅】

26 同性不相斥！女性也喜歡的女生特質

會令女性產生好感的女生，他們讓你和在面對異性時會產生那種怦然心動的感覺是完全不同的。那是種直覺上對對方有好感，感覺「這個人還滿討人喜歡的」。

請思考一下，在公司、朋友圈，或是學生時代受歡迎的女生是什麼模樣。另外，也想想那些令人不想親近的女生又是什麼樣子。其實這些人都有下列幾項正面或負面的特色：

・表裡如一，為人隨和。⇕善變，態度因人而異。

・能坦誠表達想法，但不會令人討厭。⇕不是欺騙他人，就是被欺騙。
・和善有禮，也懂得體貼他人。⇕愛批評別人，常在背後論人是非。
・率性而為，走自己的路。⇕拉幫結派，愛搞小團體。
・面對挑戰或壓力時，能保持情緒穩定。⇕容易煩躁不安，對事情耿耿於懷。

換句話說，會受女性喜愛的女生都是「對人體貼，個性開朗，態度自然」。他們不僅在乎別人的感受，也懂得關心自己，和這種人在一起感覺很舒服。相反地，讓女性討厭的女生多半是「過於在乎周遭的事情，個性消極，表裡不一。」

雖然人的個性無法立刻改變，但只要做到下列受女性喜愛的四項基本功，眾人看待你的眼光一定會有所改變。

一、**經常表達關心或感謝之意**。

當對方遇到困難時，會主動詢問：「辛苦了，你還好嗎？」即使對方只是做了理所當然的事，也要心懷感激地說：「謝謝你一直以來的幫助。」

二、**不論人是非**。

受人喜愛的女性即使聽到有人在講他人的壞話、嚼舌根，也不會跟著瞎起鬨，而會巧妙地轉移話題。

三、**不自誇、不炫耀**。

不會為了討好別人而自誇，或不懂裝懂，而是坦誠呈現自己真實的一面，這樣的率性令人喜愛。

四、守信用。

要受人喜歡與歡迎，基本條件就是能信守承諾，不輕諾寡信。因此，對自己說過的話要負責任，不輕易承諾做不到的事。

女性的人際關係是建立在「信任」上。讓我們期許自己能成為值得信賴、對別人和自己都心存善意的人吧！

27 想要「人見人愛」，請養成開朗幽默的好人緣體質

在初次見面，或經過幾次相處，就會讓人覺得「我想跟這個人成為朋友！」的女生，她們是打扮入時、穿著光鮮亮麗，還是小有名氣，又或是擁有你所欠缺的特質的人呢？不不不，上述那些人，我們或許會對他們抱有好感，又或心生羨慕，但這跟想和對方成為朋友的感覺是不太一樣的。

對女性而言，朋友是可以愉快地聊上好幾個小時，彼此不會有太多顧忌，相處起來會覺得「很舒服」的人。

這種能令人覺得舒服的氣場，簡單來說，就是對方具有開朗、令人自在的個性

吧。

話雖如此，想要受人歡迎，除了性格的特質外，只要稍微用點心，你也能成為別人心目中「想跟你成為朋友的人」。訣竅有三個，分別是：

一、**常說正向話語**。

關係也是一種振動頻率，人與人互動都是能量在共振交流。跟開朗、具有正能量的人在一起，自己也會變得積極向上。因此，別說負面的話語，要多用正面詞彙。

像是早上碰面打招呼時，不要抱怨「今天好冷，真不想來上班」，而改以正面思考「今天雖然很冷，但天氣真好！」面對困難的挑戰時，別抱怨「真麻煩」，而是樂觀以對：「這些事情以後都可以當成笑話來說喔」。

換個說法，轉換看事情的角度，原先的負面事件就能變成正面事件。

二、用幽默感讓自己成為有趣的人。

每個人都喜歡有幽默感的人，適當的幽默也可以拉近大家的距離。所謂幽默，並非要「很會講笑話」，只要能讓人發出會心一笑就夠了。像是開玩笑稱對方為「小姐姐」、「美女」，或是在表示自己很驚訝時用誇飾法說：「我眼珠子都要掉下來了。」又或是用「某某人好善良，就跟德蕾莎修女一樣」這類的比喻來形容。

此外，也可以與人分享有趣的小故事或個人軼事，將平淡的溝通化為活潑的互動。

多關心身邊有趣的事物，在日常交流裡營造「笑料」的氛圍，頭腦就不會僵化，思維也會變靈活。

三、當對方高興，你也會感到快樂。

當有人對你如對待自己般，能與你同歡，也關心你的想法時，會令人感到自在且安心。這種人不會把自身的想法強加給別人，而會專注於他人的感覺，留意對方的喜悅或困擾。

古羅馬哲學家西塞羅曾說：「友情能讓喜悅加倍，悲傷減半。」想要廣結善緣，要先讓自己每天都過得愉快，並且對人保持友善的好奇心，主動親近對方。愛會吸引愛。對自己或他人都充滿「愛」的人，自然能養成大家都想跟你做朋友的「好人緣體質」。

28 成爲「到哪都受歡迎」的積極人

你朋友中，是否有人具有「積極進取」的個性呢？不斷追求進步的人，會致力朝目標奮進，個性穩重，做事也不會拖泥帶水，這樣嚴謹的態度無論讓男性或女性都感到佩服。

此外，這些女性在艱困的狀況下不會絕望與悲觀，而能越挫越勇，以失敗為燃料，成為激發前行的動力。

如果公司裡能有這樣的人，可以讓其他同事獲得「我也要加油！」的正能量，打起精神勇往直前。

無論是積極或消極的性格，其實都不是天生注定，而在於一個人的心態如何養成。積極的態度會帶來積極的結果，因為態度是具有感染力的。

使用以下「積極人會說的兩句話」，就能讓人感受到你的抗壓性與耐挫力。

一、**「那麼，我們該怎麼做呢？」**

例如，被指派做一件從未嘗試過的工作時，不要立刻拒絕說「我做不到！」而要從積極層面思考「如何才能完成呢？」或者面對困難重重的任務，不會一直以「我沒空」、「經費根本不夠」之類的理由推託或找藉口，而是思考「該怎麼達成目標？」

與人發生爭執時，「那麼，我們該怎麼做呢？」這句話也同樣適用。這樣說可以抵擋想要放棄溝通的消極情緒，引導我們朝突破困境的方向前行。

好。

二、**「這個機會千載難逢！」**

如果每天只是機械式地做著例行工作，一定會覺得單調乏味，負能量滿載。

然而，生活中的小確幸其實無處不在，只要我們用心感受，就能體會到它的美好。

比方泡茶時可以心想「這個機會千載難逢」，那麼你就會留意水溫、茶的濃度，並盡可能泡出最好喝的茶。參加宴會時，抱持「這個機會千載難逢」的想法，就會特別精心打扮，當然，跟與會的同伴打招呼時，也別忘記要面帶微笑。

【成年人的交友法則（3）】

29 不著痕跡的體貼，人際關係變A+

在女性中，能讓彼此關係變融洽的人，通常都是會展現「不著痕跡的體貼」的人。他們主動付出，不會特別強調「我幫你做了喔～～」受到幫助的人或許不需要刻意道謝，但會感到十分窩心。

下面就列舉能成為體貼女性的四個小技巧，能幫助你培養仔細注意周遭的「觀察力」，以及體貼對方心情的「想像力」。

一、**詢問對方當下是否方便**。

有些人的思考模式就只會考慮到自己，貪圖自己方便就好，缺乏同理心，不懂得替別人著想。

但如果處處只想到自己的需求，就很容易淪為「自私」，交不到朋友。因此要懂得換位思考，站在對方的立場著想。

像是工作上要請人幫忙時，記得先詢問：「你現在有空嗎？」打電話時先向對方確認：「你現在方便說話嗎？」會議如果會比預定時間晚結束，要主動詢問與會者：「你時間ＯＫ嗎？」

懂得尊重別人是一個人最大的魅力，也是最好的修養。

二、**了解對方的飲食喜好**。

在聚餐時，有些人會殷勤地幫忙夾菜、斟酒，十分體貼。但相較之下，如果對方能記住你喜歡吃什麼，這樣會更讓人驚喜吧！

例如，對不喝酒的女生說：「這家餐廳有非酒精的飲料喔！」點餐時會確認：「○○小姐，你是不吃香菜的對吧？」在公司幫同事點飲料時會特別留意：「○○○的咖啡不要加糖」等。

光是對他人日常的飲食習慣和偏好能有所了解，就可以建立別人對你的信任感。

三、**拉「被冷落的人」一起聊**。

當一群女性聚在一起聊天時，常會聊得過於忘我，而未留意周遭的狀況，像是可能有人被冷落在一旁，無法參與其中。

當大夥聊得正熱絡時，要是有人不熟悉大家正討論的話題，插不上話，你可以耐心為對方解釋，幫助他們進入情況；或是把球丟給他人，詢問：「○○○，你覺得如何呢？」幫對方融入群體。

四、舉手之勞會令人心存感激。

舉手之勞，付出一點善意就能幫助別人，何樂而不為呢？

例如，在辦公室倒垃圾時，順手也幫同事的垃圾一起拿去丟掉，買東西時主動詢問：「有沒有什麼要買的呢？」和同事一起分工的工作，在行有餘力時說：「我順便也把這些做完吧！」

「順便」有時真的只是舉手之勞。雖然這些小動作可能是小恩小惠，不足以掛齒，卻會讓受到幫助的人心存感激，或真的幫了他大忙也說不定。

【與資深前輩的相處之道】

30 心存尊敬，讓你成爲受資深女同事喜愛的後進晚輩

在職場人際關係裡，因為工作中「年長女性」、「資深女性同事」而倍感苦惱者似乎不少。

尤其是在十分講究輩分的公司，這類年齡大、資歷深的女員工常會擺出盛氣凌人、倚老賣老的態度，也很容易情緒化。誇張一點的，還會自以為是女王，任性而為，欺負下屬，出現職場霸凌的狀況……盡現女性討人厭的那些小心眼特質。

我問過身邊曾遭遇類似經驗的朋友，大家紛紛表示：「前輩好情緒化，經常得看他的臉色。我覺得好累，撐了三個月實在受不了就離職了。」「如果不加入資深

女員工的派系，在排班時間跟任務分配上都會受到差別待遇，但我也只能一忍再忍。」「有個表面上很友善的前輩，卻在背後不斷說我的壞話，讓我好難過。」等，相關「被害人」的證詞不勝枚舉。

不過，如果因為覺得跟資深女同事相處很麻煩，加上話不投機，認為倒不如跟同年紀的人互動還比較輕鬆，因而與職場老鳥保持距離，那真的是太可惜了。這類的職場小人畢竟是少數，如果能有具影響力的年長或資深女同事罩你，會很令人心安。他們能在許多事情上給予你指導及建議，在建立交情後，也會特別關照你，對你犯的錯多所包容。

想和年長女性建立良好的人際關係，唯一的利器就是「向對方表示敬意」。人們對於自己是否受到尊重，是非常敏感的。你可以從各方面找到對方值得尊敬之處，像是「很懂職場禮儀」、「工作效率高」、「專業知識豐富」、「工作與家庭都能兼顧」等，然後坦誠地稱讚對方「你真了不起」、「我很欽佩你」。

此外，即使之後彼此變得熟識，也要「使用敬語」以及「不能忽略禮貌」。為了表現尊重對方，即使是不需要報告的事項也可以請示對方，並請他給予建議，藉此傳達出「我很重視你的意見」這樣的訊息。

如果因為覺得對方很難搞，就在大庭廣眾下與之針鋒相對，這是很危險的。資深女同事最討厭傲慢、目中無人的年輕人，她們會賭上尊嚴，跟你來真的，到時候你只會落到一敗塗地、遍體鱗傷的下場。

人們都需要被尊重、被肯定，並且也會為了回報你的敬意而對你更友善。其實，很多年長女性因為怕被新人取代，所以內心不安，「逞強心態」只是他們表面上的武裝。展現出「沒關係，我很尊敬你！」的言行，成為讓前輩對你放心的可愛後進吧！

【必須和不喜歡的人來往該怎麼辦？】

31

面對討厭的人，請保持安全的社交距離

人際關係固然重要，但我們也不需要跟所有人都保持好交情。

我們一定會遇到看不慣、不喜歡、不想與之深交的人，像是有強烈控制欲的女主管，或狂說別人閒話和八卦的人，還有不知為何就是溝通不對頻的人。

當你跟對方相處，甚至光想到這個人就覺得內心煩躁不安時，你需要為自己踩煞車，在物理空間或心理空間與對方保持一段距離。

當然，在工作場合或與親友往來時，還是有縱使你再討厭，但仍須與對方互動的人。遇到這種狀況，請留意下列三項原則。

一、若是短時間接觸，就暫且忍耐。

如果可能，盡量減少與對方接觸的機會。勉強跟不喜歡的人來往，只會增添厭惡感，在繼續的相處中翻臉。

但如果真的必須接觸、溝通，也要保持安全的社交距離。例如：交談盡量簡短，午餐時找藉口各自用餐，避免傳送不必要的郵件或簡訊……等。盡可能迴避對方，減少相處的時間和拉大空間，維持表面上的和平，就能避免顯現自己的厭惡感。

二、別談會導致情緒化的話題，注意說話的內容。

跟討厭的人交談時，很多話題都會令人忍不住發火，尤其是對於金錢、愛情的價值觀，又或是涉及他人的八卦等，更是地雷區，要避免碰觸。

另外，以開玩笑的方式「虧」對方，或是聊個人隱私也很危險，這樣做可能會瞬間惹怒對方，或是讓他人有利用你的私事而有見縫插針的機會。應該挑一些無關痛癢的話題閒聊就好。

三、**厭惡會不自覺流露，要刻意保持平常心。**

面對討厭的人，我們可能會在無意中讓那股厭惡感顯現在表情或態度上。如果你經常心想「盡量不要和對方有牽扯」而刻意迴避，反倒會讓對方感受到你的不友善，而對你產生敵意。更甚者，不僅讓彼此關係緊張，還會導致工作環境也籠罩焦躁不安的氛圍。

即使在討厭的人面前，也要保持基本禮貌，如打招呼和面帶微笑。相處的基本原則就是：保持平常心。

我們在社會上生存，不可能遇見的每個人都讓自己喜歡。即使不幸碰到十分厭惡的人，也可以試著進一步與之相處，或許會發現「對方其實是個好人」，又或是勉強自己後還是覺得無法產生好感。

總之，你可以透過這樣的嘗試，找出與對方保持若即若離、最理想的距離。

【不在乎外表，不代表可以邋遢】

32 我們都是藉由外表，引導別人如何看待及對待我們

某份網路問卷調查顯示，女性之間最愛互相攀比的項目，第一名是「外貌」，第二名則是「另一半的條件」。因此，美貌、穿著、包包、配飾等「外在」條件，是最容易與人一較高下的標準。

有趣的是，女性相互比較誰才是真正高人一等的優越性，原本是為了吸引男性，但事實上，女性花了更多時間在觀察其他的女性，而不是男性。

女性之間彼此的觀察與審視非常嚴苛。他們不只會在外貌上競爭，還會以貌取人地從中蒐集各種情資，像是：「這個人可以信任嗎？」「我們能不能成為朋

友？」等等，可見外表對於女性的人際關係具有重大的影響力。

其實之所以會這樣，道理很簡單。當我們與衣著整齊的人交談時，用字遣詞自然會很有禮貌；相反地，面對不修邊幅的人，我們的態度也會比較敷衍。外貌是禮儀的一部分，這就像招待朋友到自家作客一樣，當你越重視對方，就會將居家整理得越乾淨。

把外表打理好，能為自己增值。對成熟的女性來說，她們觀察同性的重點，除了評論對方「是不是美女」之外，更重要的是「對方選擇的服裝、髮型是否得宜」。

接下來就介紹能提升品味，塑造更有吸引力和自信形象的三種方法。

一、**每天量體重一次，並在鏡子前檢視身材**。

這樣做的目的是要多關照自己的身心。站上體重機時會意識到：「昨天吃太多了，今天早餐要吃得清淡些。」在全身鏡前時，可以檢視：「二頭肌有點鬆垮，要多鍛鍊了。」

經過這樣客觀地自我觀察，會發現自己對於時尚和化妝也越來越講究了，這種改變是很奇妙的。

二、與懂穿搭、能提供意見的人為友。

如果你不注重自己的穿著打扮，也不在乎別人怎麼看你時，就會變老氣。

「不在乎自己的儀表」，其實也是一個人變老的徵兆。優雅無關年紀，不管幾歲都別放棄打扮自己。

若你有稍具時尚品味的朋友能以獨到的眼光給你建議，不但能激勵你的審美觀有所進步，還能幫助你維持最佳狀態。你也可以主動向對方請教，或是和對方一起逛街購物，藉此提升自己的品味。

三、**留意「抬頭挺胸」、「面帶笑容」及「談吐優雅」，建立好形象。**

一個人的形象，不僅靠顏值，還要看他的走路儀態、表情神態、衣著打扮，以及談吐舉止。

穿著得體，打扮好看的人，如果還能踩著穩健自信的步伐，不僅讓人賞心悅目，也能讓人感受到這個人對自己形象的重視。

第3章

跟看不順眼的人也能和平相處

【男生都愛心機女？】

33 女性在男性面前做作，其實是誠實的表現

前陣子，一名五十幾歲的女演員在說明婚外情的記者會上邊說邊哭。後來，在一檔談話性節目中，有位女藝人對此事發表評論，讓我深表贊同。

「雖然我這樣說會被批評為對醜女有偏見，但我真心覺得，如果當情況對自己不利時就用眼淚來博取同情，這招只有美女才管用。我從小就見過那種一哭二鬧三上吊的女性，然後男生就會屈服……」

即使年紀漸長，有些女性仍時常耍這種「狡猾」的小手段，這會讓其他女性狂翻白眼，忍不住「拳頭硬了」。而且有些女性即使不是美女，在男性面前仍會試圖

撒嬌、賣萌或裝性感，這種超假的模樣，會激怒那些表裡如一的真性情女子。

此外，還有些女生在跟同性相處時懶散無比，但一遇到男性就體貼入微，把對方照顧得無微不至；講話的音調高了八度，還會拉長尾音；在餐會上，與男性十分親暱，不斷撒嬌，表現得小鳥依人。

讓人覺得「這種女人真討人厭」的第一名，就是「在男性面前態度大不同的做作女」吧。「為什麼男人會看不清這種女人的真面目呢？」想到這點就令人一肚子火。但如果你對這種人流露出厭惡的情緒，就會被視為猶如欺負可憐灰姑娘的壞心後母。

那麼，面對一旦在男性面前態度便大不同的女性，該如何應對呢？

首先，把對方視為「誠實的人」吧。畢竟任何人在面對男性與女性時會有不同態度，這是很正常的事。即使女人成了年長的老婆婆，也還是會對英俊的帥哥特別好。

對這類人而言，他們是以非常合理的態度接近男性，想獲得關注，並與對方建立友好關係。例如，在聚餐時總是想方設法要坐在萬人迷男性旁邊的女生，格外令人討厭。但我們可以換個角度想：他也是在用自己的方法努力受人歡迎啊！

接著，我們再自問：「他這樣做有讓我蒙受損失嗎？」如果對方是接近你心儀的男性，那麼你大可以光明正大地加入這場競爭。這種情況下，我個人很贊成玩「大風吹」遊戲，大家都有機會搶座位。千萬別因為顧慮太多而主動退賽，那就太可惜了。

但如果對方想親近的並非是你特別喜歡的男性，那麼你大可不必在乎。你應該秉持超越性別的觀念，用平常心泰然自若地與之相處，不要因為自己是女性就蔑視對方。

【如何與爭強好勝的女性相處】

34 認輸不是沒個性，而是沒必要爭輸贏

前面提過，女性都有想與人一較高下的競爭天性。但那些總想表現優越感、傲氣十足的女性，的確很煩人。

最近我就遇到這樣的人。他們總是用輕蔑的口氣說話，動不動就炫耀，一副高高在上的姿態，還會目中無人地打斷別人的談話。

雖然說來有點殘酷，但是當人們看到別人不如自己時，往往就會感到安心。

這些傲嬌女之所以自命不凡，是源於她們內心深處的想法：「在這個圈子裡，我就是高人一等。」所以狂妄自大、看不起人。

人們都知道傲慢或愛炫耀，都是討人厭的行為，近年來便出現「凡爾賽式」的隱性炫耀。比方「我身邊老是有一大堆不怎麼樣的男人要追我，但我就是不喜歡他們。」這類以抱怨的方式進行反向炫耀，或是「我今年在巴黎買太多名牌了，所以現在手頭很緊啊！」這種明明是要炫富，卻不明說，而是以明貶暗褒的方式偽裝式地自嘲。相信許多人在參加聚會時如果碰到這樣的女性，一定會覺得對方很欠揍吧！

偏偏這種老是看不起別人的人，最擔心自己被看輕。其實他們也自知能力不夠，因而感到自卑，才會想輸人不輸陣地不斷與人競爭，計較輸贏。看到平常不如自己的人成功了，也不願面對現實，反倒會有「那有什麼了不起！」的酸葡萄心態。

真正有水準的人，無須刻意努力求表現，也會獲得別人的認可。但那些渴望被認同卻始終無法如願的女性，只好拚命表現自己。因此，對於這樣的人，我們只要想著：「儘管表現你的不安吧！沒關係的。」

隨著這種人起舞，意氣用事，只是徒然浪費時間。如果你不與對方較量，乾脆認輸說：「好吧，你贏了～～」對方攻擊的力道就會變弱。若你能以這種寬容的心態，對待內心充滿不安的對方時，請幫自己按個讚吧！

話說回來，長時間跟這種人相處的確會令人筋疲力竭，所以最好在適當時機改變話題，並與之保持距離。

這不過是在微不足道的領域裡，一場小小的價值觀之爭，我覺得完全沒必要在乎輸贏。

【如何和愛批評的人相處】

35 對於別人的批評指教，成熟的大人這樣回應

愛提出批評的人通常分成兩種：一種是真心希望「對方」好，另外一種則是想要強調「自己」的存在感。例如，會說「我是為了你好」的人，可能只是為了平息自己的焦慮，而表現出情緒勒索的行為。

要區分批評是「為了對方」還是「為了自己」，從批評者的個性就能做出判斷，但有時候兩種動機會兼而有之：既有想幫助對方的善意，也可能包含一部分出於自我滿足或者自我表現的動機。

本文主要是針對惡意攻訐進行討論。

對於惱人的批評和攻擊，你可以將這些批評視為一種機會，利用下面這三種觀念，自我反省或從中學習，讓自己變得更好，而不是陷在氣憤、沮喪或自我貶低的負面情緒中。

一、會被批評是理所當然的事。

在日常生活中，我們或多或少都會受到批評或指責，無一例外，因為你不可能符合所有人的價值觀。

甚至有些人在現實生活中個性溫和，但置身網路世界就變得非常強勢，網路論壇上也常出現「抵制○○（藝人名字）」之類的批評。

人們在遭到批評和責備時，多半會感到不開心，但如果把這種不悅直接表現在臉上，會讓人認為「對你這個人完全不能說真話」。其實，我們只需要接受對自己有益的意見，將「批評」當成「報告」來聽，對方只是提供一些「個人意見」給自己參考。思考哪些評論是真正需要被留下來，什麼又是可以被放下的。用感恩的心面對這些意見的回饋吧！

二、把批評視為檢視自信心與信念的機會。

女性的批評通常是出於想彰顯自己高人一等的優越心態，所以會不假思索地做出「總之，先批評了再說」的行為。千萬不要因為稍微被抨擊，就萬分沮喪，覺得自己被全盤否定。

當別人批評你的個性或態度時，你可以簡單地回應：「這樣啊。」輕鬆帶過即可。如果是針對你的行為，你可以不怒嗆對方，而是用「我」作為主詞，委婉表達：「但我認為我這樣做沒問題耶！」這樣可以緩和對方批評的力道。又例如，當有人對你說：「你現在才去學英文，來不及了！」你就可以回答：「但我覺得這樣做挺好的啊！」或是有人瞧不起你的男友：「他根本就是窮光蛋，這很糟啊！」你可以說：「但我不在乎他有沒有錢。」

如果你因為別人的批評而內心動搖，那就要思考自己是否「自信心（或信念）還不夠強大」。

三、**從批評中發現可學習及需要改進之處**。

被人批評有時也會為自己帶來啟發，像是意識到「原來還可以從這種面向思考」或「這些的確都是我的缺點，我應該改進」。

另外，有些批評也可當作自我警惕的負面教材，抱持「原來這樣說話會讓人覺得很受傷，幸好我上了寶貴的一課。」的心態，這樣想也很不錯。

【被孤立是我有問題嗎？】

36 面對被排擠的社交冷暴力，請這樣做

當感覺遭到排擠，對女生來說是非常嚴重的打擊。比如，發現只有自己沒被同事們邀約共進午餐，或是大家不知道什麼時候開了一個把自己排除在外的LINE群組，都會大感震驚。

女性向來都是以周遭的評價來確認自我價值，若不被人當作同伴看待，會覺得很孤單，缺乏歸屬感。而且一旦讓人產生「邊緣人」的印象後，就真的時常會被別人當成空氣，無視走過，或被用異樣的眼光看待。

被排擠一定有理由，但不一定跟「你」這個人有關。如果你覺得自己被孤立，

感覺在群體中「沒有自己好像也沒關係」，請參考下面所列的解決方法。

一、**客觀檢視自己**。

當你覺得別人迴避自己時，你是把目光對外朝著其他人，因此責怪大家都很冷漠。但如果你回頭審視自己，自問：「我是給人什麼樣的感覺呢？」你的想法或許就不同了。

人們之所以遭到排擠，可能因為自己是特別搶眼的「愛出鋒頭」型，或是完全受人忽略的「被看扁」型，又或是想討好所有人的「濫好人」類型等。

然而，最常見的是害怕與人相處的「戒慎恐懼」型。這種人會在潛意識中散發出一種「別過來！」的氣場。即使表面上擠出客套的笑容，但仍會讓人感受到他內心的情緒。

像這樣，如果找到被孤立或無視的原因，就能對症解決。

二、主動攀談，打造「好聊咖」的氣場。

接下來是要主動與人交談。利用打招呼或是提出問題的機會，給人具有親和力的感覺。

比如，搭乘電梯時，你可以詢問同事：「要一起進來嗎？」即使只是簡單的一句話也無妨。光是主動開口就能讓別人對你的印象大為改觀，也能製造更多與別人交談的機會。

三、不要迴避那些你不擅長相處的人。

如果覺得對方在躲你，的確會讓人想錯開用餐時間，以避免遇到時尷尬，又或是在需要與對方聯絡時會猶豫不決，但如果老是這樣閃躲，你更會活成一座孤島。

請以坦然、大方的態度面對，保持平常心，不要迴避。

四、接受無法融入群體的自己。

除非是遭到嚴重的霸凌，否則即使你被認為稍微與眾不同，也不用覺得太悲觀。尤其是在職場，畢竟那裡不是交朋友的地方，而是工作的場合。

相信也有不少人會認為「雖然有點孤單，但跟一大群人在一起更痛苦」，或是覺得「一個人反倒輕鬆自在」。如果你是這樣的人，請告訴自己：其實不需要勉強和大家相處。

與其在乎別人的眼光，不如優先考量「該怎麼做能讓自己感覺最舒服」。

【如何應對輕視你的人？】

37 永遠不要讓人貶低你

有些人會對那些他們認定不如自己的人，採取輕蔑的態度。我也曾經有過「咦？這個人擺明了就是瞧不起我吧？」的感覺，例如，對方爽約、態度很糟、以粗魯的言語攻擊……等。

如果蔑視你的是同事，或是在日常生活中幾乎天天要打照面的人，你一定會覺得痛苦不堪吧！

我有個朋友幾乎每天都會被一位資深女性主管故意在大庭廣眾下責罵，甚至還羞辱他：「你真是臭死了！」這種行為已經是嚴重的職場霸凌了。

就我個人的經驗，這種習慣輕視、貶低別人的人，會在試探中不斷升級他們的輕視行為，想知道對方「到底能被欺負到什麼程度」，因此所作所為會更變本加厲。如果只是一味忍耐，默不作聲，對方就會認為瞧不起你也無所謂，因此你必須盡快採取因應措施。

另一方面，被輕視的人本身可能也有些問題，例如：「優柔寡斷，無法做出決定」、「說話聲音太小」、「外表邋遢，不修邊幅」、「無論別人說什麼都不會發脾氣」……等。提醒自己努力做到與上述這些言行相反的行為，就能避免被視為軟弱可欺之人。

這裡介紹五種如何避免被人看不起、不被尊重的方法。

一、**果斷明確地說出自己的想法**。

當被問問題時，不要猶豫地「嗯……」老半天，要立即回答。另外，在打招呼或回答問題時音量稍微大些，也很有效。

二、**覺得被冒犯時要讓對方知道**。

表達你的情緒，就能改變對方的態度。比方說：「你這樣有點過分吧！」「你話不必講得那麼難聽。」讓對方了解你的感受。

當對方口不擇言時，說出「你這個人沒用啦！」之類的侮辱話語時，你可以重複對方說的話：「你剛說我是沒用的人嗎？」這樣也能讓對方意識到之前在盛怒下脫口而出的話語有多傷人，進而反思自己的言行。

三、**多結交朋友**。

個性軟弱膽怯的女生，很容易被人瞧不起或欺負。結交健談、熱心助人的朋友，如果遇到麻煩事也有可商量的對象，或尋求協助。

四、重視衣裝儀容。

如果穿著邋遢地到高級餐廳，就會被鄙視。同樣地，衣著整潔得體，懂得好好打理自己的人，別人自然也會尊重你。

五、在心態上保持優勢。

輕視或挑釁你的人，並不代表他們就過得比你優越或幸福。他們很可能是因為自己無法變好，就利用嫌棄的方式，讓別人變差，藉此提升自己的價值。

面對別人的貶低甚至是羞辱，不必驚慌失措，要以冷靜的態度、更寬廣的視角看待，秉持著「有錢人不吵架（強者不與人做無謂之爭）」的精神，以無懈可擊的完美態度予以因應。

【有交際手腕≠有親密的朋友】

38 八面玲瓏的個性，未必人見人愛

無論面對什麼樣的人，都能表現得很親切，就是所謂的「八面玲瓏」。這種人通常會被認為是「好人」，但其實很多女性會在心中暗忖對方圓融精明、能說善道，在任何情況下都能討好他人，反倒對這類人存有戒心。

這種長袖善舞的人，往往不會表達他們內心真正的想法，讓人無法了解他們到底在想什麼。由於他必須面面俱到，因此會優柔寡斷，誰也不得罪。如果過於有心機，甚至狡詐，那就麻煩了，因為他們會為了討好別人，而洩漏其他人的祕密。因此，在女性之間，這種人會被視為是「信不過的人」。

基本上，這類人個性開朗，不會刻意與人為敵，也不是壞人，所以你會對自己產生「與對方相處覺得不太舒服」的感覺有點困惑，認為是不是自己的問題。

其實，與八面玲瓏的人相處原則，就是維持表面上君子之交淡如水的關係即可。

一、**對方的讚美別當真**。

交際手腕高明的人無論聊什麼話題，都會予以「我懂～～」「好棒哦～～」「太厲害了～～」這類肯定的反應，但他只是在配合對方，如果你信以為真，那就太傻太天真了。我們只要在內心暗忖「他還真會講客套話」即可。

若是你希望對方在某件事上給予意見，不要直接問他們是否同意你的觀點，而是要透過巧妙的方式，引導他們說出自己的建議。

二、**絕對別在對方面前說他人的壞話和祕密**。

即使你覺得跟這類人還滿聊得來的，也別立刻就與對方交心。如果你跟他說了別人的壞話、抱怨公司或家庭的煩惱，還是談論自己的心事，很有可能在事後被傳出去，讓你氣得跳腳，不敢相信自己居然被出賣了！

通常人際關係變得複雜難理時，多半也是因為八面玲瓏的人在搞鬼，所以要特別留意。與這類人聊天時，選擇正向愉快、沒有爭議性的話題，進行輕鬆的交談，比如「今天好開心！」「好有趣！」「東西真好吃！」

三、**和對方保持適當的距離**。

由於這類人都不是大奸大惡之徒，若是因為不善於與對方往來而特意疏遠，反倒會讓你變成了壞人。你只要跟對方和與其他人相處一樣，保持適當的距離即可。

然而，這類處事圓融的人多半會感受到「必須對每個人都和顏悅色」的壓力。

因此，透過聆聽對方傾吐心事，說不定能使他們敞開心房，展現真誠的一面，令他們對你逐漸產生信任感。

【千錯萬錯，都是別人的錯？】

39 面對愛找藉口的人，也要顧全對方的面子

打死也不承認自己有錯的女性，儘管他們的自尊心很強，但往往能力不夠。一旦出包，他們總會胡亂找個藉口，東拉西扯，試圖設法蒙混過去。

我曾經參加過一個旅行團，負責的領隊就是個典型的「找藉口女子」。如果錯過時間沒搭上電車，就說是「因為車站的標示不清楚」；到了造訪的景點才發現休館了，就把矛頭指向他人，表示是「副領隊沒事先確認」，導致現場氣氛變得很僵。甚至在他把向大家代收的款項弄丟時，還扯謊說是「在旅館被偷了」，搞得眾人雞飛狗跳。

這種「找藉口女子」往往認為，一旦因為犯錯、失誤、不滿意的負面評價，而被指責為壞人，是這世上最可怕的事，因此他們會不惜說謊、找藉口，以淡化「罪刑」。就像小孩子被媽媽責備尿床時，會扯謊辯稱：「才不是我，是小狗尿的啦！」

如果是大人編的藉口，乍聽之下似乎還頗有道理，所以更難處理。面對善於逃避責任的人，與其自己氣得內傷，不如學幾招應對。

一、**劃清明確的責任範圍**。

藉口通常會在出狀況的當下產生，因此事先預防很重要。尤其在工作場合，更應該有明確的角色分工與具體的任務分配，以避免推卸責任。

為了避免事後因為「是否曾告知對方」之類的事情起爭執，可以透過留言訊息或 e-mail 等方式留下紀錄，以供查詢。

二、以「不是只有你會這樣」的說法，給對方台階下。

要是狠狠斥責「找藉口女子」，絕對會爆發衝突。由於這種人個性敏感，受到批評容易耿耿於懷，對於被當成壞人也必然會覺得委屈和受傷，所以千萬別對這種人窮追猛打。

比較好的做法是：不要讓對方認為出錯要由他負起全責，而應該讓他稍微減輕罪惡感。你可以採用同理的安慰，例如：「每個人都難免會犯錯」、「我也出過這種包」，然後提醒他：「我們大家都再小心點」，予以關懷。

三、與其指責「為什麼會變成這樣」，不如詢問「該怎麼辦」。

用「為什麼？」「怎麼會這樣？」這種追問原因的方式，只會逼得對方說出更多讓人無法接受或是更離譜的藉口。

比起用「為什麼」追究原因，倒不如改問：「那麼，接下來該怎麼做才好呢？」把「解釋問題」改成「解決問題」的思考方向，一起思考「接下來該怎麼處理」才能達到目標。

四、不必理會太誇張的藉口。

如果對於藉口總是寬容以對，對方就會認為這招奏效，讓他日後只想找一堆推託之詞不斷詭辯，把錯誤合理化。

因此，偶爾還是必須表達自己的不滿，比如說：「那麼，下次請多注意。」然後不要再往下多費唇舌，隨即轉身離去，就此結束話題，讓對方自己想辦法解決他捅的婁子。

【如何得體回應場面話？】

40 別想太多！對別人稱讚你的善意心存感激就好

經常會聽到有人說：「女性之間常要互相奉承真是麻煩！」例如，在洗手間碰到面時，他們會稱讚對方：「你的指甲油顏色好漂亮哦～～」或是「你的衣服都好好看耶～～」連一些微不足道的小事都要拿出來吹捧一番。

但受讚美的一方可能會覺得這根本只是客套話，他內心的ＯＳ會是：「其實你心裡根本不是這麼想吧？」「你是想跟我比較嗎？」「你是不是想要我也稱讚你啊？」

女性相處的潛規則，似乎是「反正先稱讚對方就對了！」這樣的社交壓力會令人很焦慮，被誇讚的一方也混雜著不知是否該高興以及該如何回應的心情。

其實對女性而言，「讚美」就類似握手，是一種溝通方式。

放眼其他國家，無論是歐洲、南美洲，乃至全世界，各地的女性之間互相吹捧的風氣比日本更盛行，連看到我這種中年女性也會誇讚。他們會努力從彼此的交流中尋找對方的可讚美之處，像是：「你的圍巾好漂亮喔～～」「你的聲音真好聽～～」等等。這種舉動讓我很感動，因為我深刻體會到，不論古今中外，所有的女性都是以這樣互相稱讚的方式緊密連繫在一起。

對於不斷誇讚你的女性，因應之道是：「不用想太多」。對方確實對你釋出了善意。你可以認為對方是真心希望你能開心，同時也相信他所言不假，以這樣的想法看待別人的稱讚，是禮貌的做法，也是「善於接受讚美」的方式。除此之外，你就無須深入揣測對方是否別具用心。

最NG的反應，是把這些話當真，並且提出質疑。例如，有人跟你說：

「哦？你瘦啦？」要是你認真回答：「我根本沒瘦啊！」對方也會覺得掃興。但如果你笑答：「沒有耶，但是你覺得我瘦了嗎？好開心喔！」這樣就很得體。

又如果對方稱讚你字寫得很漂亮時，如果過於謙虛地說：「沒有啦，我還有進步的空間。」這種回答也不太合宜。最好的應對方式就是先表達感謝，然後誇獎「對方的讚美」。例如：「謝謝！能被你讚美是我的榮幸。」「真是太感謝你了，你注意到這件事，我真的好開心。」這麼一來，既能回應對方的讚美，也能同時表達謝意，無須硬要否認自己沒有值得讚美之處。

此外，如果你注意到對方的優點，即使是小地方，也請積極表達你的讚賞。不用想得太複雜，輕鬆互動即可。

41 女人善變？請「以不變應萬變」

日本有句諺語：「女人心就像秋天的天空陰晴不定。」說這句話的應該是男性吧？

不過確實如此。有不少女生明明前一秒還笑容滿面，一轉眼卻突然變臉，就像秋季變幻莫測的天空一樣。

其實，對於那些不會為過去的事困擾、放眼於未來的女性而言，在不同情況下會改變想法與心情是很正常的。她們會反覆從各個面向思考，以便讓自己能更快因應各種變化。幾乎所有女性都有這樣的特質，只是程度高低有所不同。

比方在討論尾牙場地時，有人明明一開始贊成說：「這個提議很不錯耶！」但到了隔天，他可能就改口說：「選在那裡舉辦好像還是不太好吧？」又比如，有人常把「我要辭職！」「我這次一定要跟男友分手！」這類的話掛在嘴邊，卻始終沒有付諸行動，就像老喊「狼來了」的放羊的孩子。

面對這種情緒變幻多端的女性，就抱持寬容的態度吧。只要知道這種人「想法很容易變來變去」，留意不要受到影響。要是對方實在太誇張，可以提醒他們：「你現在說的跟之前不一樣哦！」時間久了，這種人就會失去大家的信任，在社會上也會嘗到苦頭。

然而，要是這種情況發生在公司主管或前輩身上，就會很令人困擾。這類型的人雖然頭腦出奇靈活，經常會想到新點子，並迫切想立刻付諸行動，卻沒意識到自己朝令夕改的行事風格給員工帶來多大的麻煩。如果能自我反省，對大家致歉：「不好意思，我又要改了。」這樣可能還能稍微緩解眾人的怒氣。

面對不斷改變指示的人，因應的方法就是「不要過度情緒化，而是理性地向對方提出意見與方案」、「先暫緩決定，持觀望態度」、「將對方說的話記錄下來」、「重複確認『這樣做真的沒問題嗎？』」等。不過，也有些大權在握的人，希望能被眾人重視，一旦被人質疑就會生氣，因此請記得務必冷靜以對，見機行事。

每個人遇到他人反覆無常的情況都不盡相同。總之，對別人說的話不用盡信，抱持「半信半疑」的態度，保持適度的警戒比較合適。

【「我只告訴你一個人喔！」真的假的？】

42 該不該說？該跟誰說？關於「祕密」的祕密

我認為，當女生說：「我只告訴你一個人……」時，絕對不能當真。

除非對方是相當親近且值得信賴的人，否則最好心存「我們又沒那麼熟，既然你會跟我說這些，那你可能也會跟別人說。」的想法。儘管對方所說的消息或許真實性有待考證，但聽到的人又會用「這件事不可以跟別人說喔……」的說法，繼續傳播出去。

如果這個祕密是「讓人忍不住非說不可」，就越可能走漏風聲。例如，公司內部的人事異動，或是誰跟誰正在交往，你告訴別人的時候以為「只有自己知道」，結果經常是「大家早就都曉得」的事情。

女性喜歡聊八卦，除了是「希望別人能聽自己說話」的心情外，還有「講一些跟別人有關的新鮮事，能讓對方開心」這種想取悅他人的想法，另外就是「想跟別人套交情」。分享祕密也是女性之間的一種樂趣，並不是什麼壞事。

不過，有時候即使是你信賴的人，結果對方還是未信守承諾，把你要他保密的事洩漏出去，這樣令人意外的情況也是會發生的。

那麼，洩密究竟算是誰的責任呢？當然是主動透露口風的「自己」囉！洩密的對方固然有錯，但無法分辨究竟誰是大嘴巴，就是自己的疏失了。有些敵人還會偽裝成盟友接近你，所以記住千萬別到處隨便說個人隱私，要懂得自我保護，這是永遠不變的鐵則。

就像女孩子會慎選脫換衣服之處，分享私密訊息時同樣也得小心，千萬別搞錯對象。如果等事後再怪對方：「我明明跟你說這是祕密呀！」就為時已晚了。如果你把祕密告訴了風，那就別怪風把它帶給樹。

透露祕密，等於給了對方「想說卻不能說」的壓力。為了避免對別人造成困擾，或甚至因為背負不能說的祕密引發焦慮，而討厭造成罪魁禍首的你，請務必謹慎。

如果實在太想說出祕密，如何分辨「口風緊、值得信賴的人」就很重要了。有幾個判斷的重點，像是：「我從未從此人口中得知別人的祕密」、「這個人不會在背後說別人的壞話或挑撥離間」、「不會刻意強調『你放心，我口風很緊』」等。如果彼此關係夠親近，甚至還能因互相擁有對方的祕密，成為雙方關係最好的黏著劑。

但為了維繫良好的關係，每個人還是應該設定話語的界線。

【以自我為中心的情緒巨嬰】

43 你可以展現自我，但不能表現自私

能坦率表達意見的女性，會比因為過度在意他人的感受而選擇什麼都不說的女性更容易相處。但如果自我主張過於強烈，就很難搞了。

例如，自己的意見未被採納就不高興、談論任何話題都會把焦點轉到自己身上、獨攬功勞、老愛自誇、一定要成為眾人的目光焦點……等。

為什麼對方會如此自負呢？想必是在什麼地方獲得信心吧。他們認為自己說的絕對不會錯，也覺得展現強勢就代表獲勝。這類人可能是向來成績優異、備受尊敬的「理所當然的自以為是型」；也可能是原本很自卑，但根據過往經驗，認為「在

這種情況下強勢一點沒關係」，反而自大過頭，屬於「會錯意的自我感覺良好型」。

表達自己的意見，或是堅持自己的立場，這些並沒什麼問題。但完全不在乎他人的感受，缺乏同理心，這才是其行為不可取的重點所在。

能明確表達自身觀點，也能傾聽別人想法的人，會讓人覺得「他人真好」，或者「他真是個友善又好相處的人」。

過於強調自我的人，無法掌握「自己跟對方都覺得OK」的平衡點，在潛意識裡認為自己的意見才最重要。他們會批評別人的言論，對於其他人會如何看待自己則漠不關心。尤有甚者，還會過度自我膨脹，試圖操控對方。

遺憾的是，這種過分強調自我的女性無藥可醫。即使曉以大義，勸告他「要多聽聽別人的意見」，他的個性也不會改變，與之爭辯也沒用，因為具有強烈主觀意識的女性，最討厭被否定。基本上，他們會拒絕接受針對自己的批評，為了更強調自身的立場，你講一句他就會頂十句，個性很急又強勢。

話說回來，對於這種人也不需要刻意迎合或奉承。最好與之保持距離，以「君子之交淡如水」的態度互動。當彼此意見相左時，可以先肯定對方的意見，比如說：「我能理解你的想法，這樣想也不錯。」然後再提出自己的觀點：「我自己是覺得～～比較好。」

強調自我主張的女性，有時候可能會對不符合他們期望的反應予以強烈回擊。這時候，就是展現你是成熟大人的時刻，你可以在心裡想著：「他就像小孩，隨他去吧。」不要跟對方計較。

【如何對付公司裡的懶同事？】

44 聰明應對薪水小偷

如果你問四十歲左右的女性：「工作中最令你討厭的是哪種人？」絕大多數人的答案都是「不做事的人」。

很認真但能力不足的女生，可能還有改善的空間，但那些做事不積極、多一事不如少一事、成天偷懶，只想讓自己過得輕鬆一點的「懶女人」，格外令人火大。與這種人共事的同事會說：「他們連試都不想試，就說自己做不到，真令人頭痛。要不然就是裝忙，也不幫忙接電話，把雜事都推給別人，還愛講人閒話。最後，連我們整個團隊的工作效率跟氛圍都被他們的懶散影響了！」

這樣的怨言多半出自工作能力較強的女性，但從那些被視為「懶女人」的角度來看，或許會認為：「他們的要求真高耶，煩死了！」「以輕鬆愉快的心情工作不是很好嗎？」

據說，**螞蟻群無論怎麼調整，都是有二〇％的螞蟻會努力工作、六〇％的螞蟻工作程度一般，還有二〇％的螞蟻是懶惰的。因此，在職場上會有愛偷懶打混的女性，也是正常的吧！他們會認為：「有其他人去做就好了嘛！」**

以下就是跟懶惰同事相處的三種訣竅。

一、**不要與懶同事比較或對他抱有期待，專注在自己的職責上。**

如果計較自己或同事誰做的工作比較多，或是對別人抱有期待，就容易感到煩躁，讓自己困在這種不耐煩的情緒裡最浪費時間。

若是打混偷懶的同事不至於加重你的工作分量，就別因為他們而讓自己分心，也別執著於公不公平的問題。想想「別人是別人，自己是自己」，別為別人的課題所困擾，也不要因為他們偷懶而影響自己的工作態度，保持自己的步調就好。

二、抱持「因為有偷懶的同事，自己才能獲得好評與成長」的想法。

對於偷懶、裝忙或擺爛的人，其實主管和其他同事都看在眼裡。但也多虧有這樣的薪水小偷，能讓他人對認真工作的你有更高的評價，知道你是「很努力的人」、「工作能力很強」。如果你身邊都是能力出眾、表現優異的人，他們的鋒芒就會蓋過你，即使你再努力也很難被注意到。

此外，當你看到同事做事粗心大意，大錯小錯不斷時，你會自我提醒不要跟他犯一樣的錯，要將工作再仔細檢查過；或者對方工作效率很低，老是在摸魚打混，你就要引以為戒，透過反思來提升自己的工作效率，不斷追求進步。

三、**和同事明確分工，直接提出你的要求**。

當自己的工作受影響時，不要責怪「有人偷懶」，而要與對方劃分清楚工作範圍。此外，也可以訂定截止日期，像是「這件事麻煩務必在星期五前完成」。

另一個方式，是讓責任分配與工作進度「可視化」，也就是確保團隊成員能瞭解彼此擔任的角色，並定期分享各自的工作情況。如果工作分配勞逸不均，最好與主管或可信賴的同事一起解決。

不論對方的懶惰是出於「安靜離職」或「躺平」的心態，最好的做法就是跟對方保持距離，千萬別被他的懶惰「傳染」了！

【有人扯後腿，該如何應付？】

45 善用職場嫉妒心，你會更進步

人在江湖飄，哪有不挨刀。女性一旦進入社會，幾乎都會遇到「被扯後腿」的情況。所謂「棒打出頭鳥」，是女性身處沒有明顯等級差別的同級群體中自保的生存法則。

至於被扯後腿的原因則形形色色，例如：因為工作能力太強、老闆格外偏袒、氣焰過於囂張……等。甚至我還聽過有女性升遷至管理職位後，不是與部屬攜手合作，而是明爭暗鬥，最後搞得整個辦公室烏煙瘴氣。尤其是女性主管，不僅容易被其他女同事厭惡，也會激起男同事不想輸給女人的競爭心。

如果遇到故意在背後放冷箭、扯後腿的女性，千萬別理會對方。就算真的遭到惡意打擊，要是與對方起爭執、和稀泥，沒完沒了，是不會有任何好處的。

女性會被扯後腿有很多種原因，以下就分別說明因應之道。

一、出於嫉妒↓裝作沒發現，並謙虛應對。

會扯人後腿的原因，幾乎都是出自見不得別人比自己好的嫉妒心作祟。

而被扯後腿的人，則多半會不甘示弱，予以反擊，例如以嘲諷、毀謗、打小報告、批評、漠視、不合作等方式自保。

如果是正義感強的人，更會忍不住回嗆，或試圖糾正對方。不過，這麼做只會導致雙方關係更加緊張，甚至相互敵對。

不如假裝沒發現對方的妒意，睜一隻眼閉一隻眼就算了（但如果對方對你誤解太深，還是需要澄清）。展現出「我也有不足之處，請協助我」的謙遜態度，對方的攻擊力道就會減弱。

儘管碰到心機小人搞破壞會令人沮喪，但不用心急，逐步而堅定地朝你設定的目標前進吧！

二、**因為遷怒↓不用理會，保持距離**。

有句話說：「別人的痛苦，就是我的快樂。」的確有些人喜歡幸災樂禍，用別人的失敗，來證明自己的成功。

碰到這種倒楣事，就像受到無妄之災波及。然而隨對方的壞心眼起舞只是浪費時間，最好的做法就是在心中與對方劃清界線，保持距離。

三、**因為不服輸↓將之轉換為成長的能量**。

對方因為害怕別人比自己占優勢，就會找藉口挑剔他人，為了阻止對方成功，可能還會故意搞破壞。

你可以告訴自己：「原來我已經厲害到成為別人眼中的對手了呢！」「不過，我一定會堅持到對方失去攻擊的意願！」只要增強你的專業能力，就能獲得別人的尊重與認可，不怕有人來扯後腿了。

有本事的人，才會被議論；沒本事的人，只會議論別人。

【為冗長的談話畫下句點】

46 完美擺脫「聊不停」的人

基本上，女性都很喜歡天南地北地閒聊，不一定要有特定的話題。而且如果對方是談得來的人，聊上好幾個小時也不成問題。

但若只是聽對方單方面地抱怨或炫耀，或每次都是講同樣的事，跟這種人相處也很辛苦。這種現象經常出現在自認為「地位高」的女性身上，他們愛跟「地位比自己低」的人聊一些對方不擅長的專業領域，或是時事話題、年輕時期的豐功偉業等，話題不虞匱乏。此外，如果是發牢騷，也會因為覺得對方和自己「處於同等地位」或是「位階比自己低」，不會有所顧忌，因而喋喋不休地抱怨個不停。

跟這種人互動千萬別太認真，或是試圖幫他解決那些他抱怨的問題。因為，他們根本沒有想要解決問題，而只是想要有人聽他說話。

雖然本書已經多次提及傾聽的重要性，但如果一個人展現出「無論你講多久我都願意聽」的好人氣場，就很容易淪為對方為了滿足自身需求的「犧牲品」。此時最重要的是，要及時喊「卡」，迅速逃離現場。

下面就介紹如何適時中斷冗長談話的方法。關鍵是要找到對方可以接受的理由，然後從容離開。

一、**「我待會兒還有事。」**

如果覺得交談時間可能會變長時，就用「待會兒還有事」做藉口，並表現出心懷愧疚的模樣中斷話題，是個不錯的方法。比如，以「我得趕〇〇分的電車」、「我要在宅配在五點送東西來之前到家」等理由脫身。

二、**「我今天比較忙，只有一小時的空檔。」**

面對每次都講個不停的人，可以在談話開始前就先提出時限。比如在心裡先設定一個小時，等時間到了就說：「哇！時間過得真快，下次再聽你說。」運用這類小技巧，不失禮地結束對話。

三、**「我去一下洗手間……」**

不管是在辦公室或其他場合，當遇到話多的鄰座女性時，可以利用上廁所、打電話為藉口，或說：「我要去另一個部門幫忙」，然後離開現場。

四、表達你毫不關心的態度是殺手鐧。

如果當下無法使用以上的方法，或是使用後無效，可以表現出「請不要跟我說話」的態度，像是裝忙、心不在焉、回答時語帶敷衍或不要面露笑容等。

送出「離場」訊號後，對方就會終止與你的互動，或是做好畫下談話句號的準備。

【在彼此的價值觀中「求同存異」】

47 道不同可以不相為謀，但不必「為敵」

我有位女性朋友想把孩子送去托兒所，然後重返職場工作。但住在遠方的婆婆卻責備他：「你居然因為自己想工作就把孩子給別人帶，真是失格的媽媽！」當朋友向其他的媽媽友訴苦時，沒想到對方卻冷回：「你婆婆說的其實也沒錯。」這位朋友憤憤不平地心想：「你們的想法怎麼都這麼落伍？為什麼我就得當全職媽媽？」被惹火的他有好長一段時間和婆婆及這位媽媽友斷絕聯繫。

當他人的看法或做法與自己不同時，我們可能會因為彼此價值觀的相左而有負面的反應，下意識切換到自我防衛的狀態來捍衛自己，甚至會有「意見被反對＝自己被否定」的消極思維，覺得自己的存在沒有價值。

但在這裡我要先強調，對方否定的並不是「你」這個人，而是「你做的事」。我們之所以這麼不喜歡被否定，是因為無法客觀將「我」和「我做的事、我的想法」加以區分。如果能把「我是個差勁的人」跟「我某件事情做得很糟」這兩件事情分清楚，對於「被否定」就不會再那麼抗拒或反感了。

當你發現自己的價值觀和別人不同時，如果沉溺在生氣或不安情緒中難以釋懷，不妨就當作是跟外國人進行跨文化的交流吧！世上有各式各樣的人，價值觀會不同也是很正常的。抱持開放的態度、好奇的反應，就能冷靜地思考：「哦？原來也有這種想法啊？雖然這跟我想的不一樣。」「好特別喔，他居然是這樣認為的！我也來仔細理解，好好學習。」

基於上述的基礎，再試試下面這些「不再在乎價值觀差異」的方法。

一、對於彼此觀念不同之處，無須過度在意。

在彼此價值觀的差異上鑽牛角尖，就會不斷反芻各種負面情緒，「為什麼這個人那麼沒禮貌？」「為什麼他講話會這麼兇？」但大部分的問題都能用「或許他也有他的理由吧！」來解釋。

此外，你還可以虛心思考：「說不定我這樣做也讓別人覺得很討厭。」只要想到「不同的人總會有差異性」，就會對人更加寬容，也能化解衝突的危機。

二、對價值觀的差異要相互包容。

痛苦之所以產生，多半在於人們執著地想改變自己無法改變的事情。但很多時候，我們無法控制別人對待我們的態度。

一直堅持「自己才是對的」，並沒有任何好處，更無法改變別人的價值觀。因為對方也會覺得「為什麼你會這樣想」。

三、**以另一種態度和不同文化的人相處**。

跟認為「孩子就應該由媽媽自己帶」的人談論托兒所的事，是無法獲得共鳴的。也許你不贊同他的行為，但你無須以鄙視、瞧不起的態度相待。只要在尊重對方也有表達自身想法的前提下，巧妙改變話題。

尊重對方的價值觀，才能維持連結感。

四、**著重在彼此合得來之處**。

若只因為彼此價值觀不同就不往來，未免也太可惜了。可能你們擁有相同的目標，或是同樣的喜好，能交流並分享訊息。事實上，正因為有不同的價值觀，我們才能互相學習。

只要把重點放在彼此「合得來的地方」，雙方的差異性就不會讓你那麼焦慮。

【如何心平氣和地接受批評】

48 把別人的批評，轉化為有效的回饋

為人際關係感到苦惱，容易被他人的言行所傷（又或是已經受傷），進而覺得自己被否定或惹人厭。

當你遇到被提醒、批評、嘲諷、惡言相向、忽視、鄙視等令人惱怒的行為，大多數情況都不是針對「你」這個人。說穿了，這就跟在路上有人不小心撞到你的狀況差不多。

雖然偶爾會遇到真正的仇視，但如果我們將對方的情緒與言行都視為「對方的課題」，就能立刻將其行為和自己區分開來。

每個人會說出什麼樣的話，展現什麼樣的態度，都取決於對方的個性、人品，以及溝通能力等諸多因素。但這世上並沒有完美的聖人，每個人或多或少都可能因為有個人問題或困難之處，而給周遭的人帶來困擾或不愉快。

不過，這些都是「對方的問題」，與我們無關。責任是在對方身上，而不是你。

若我們把別人的言行舉止視為「惡意」，就會很生氣。但如果能站在更高的角度，來看待對方的品格特質等這些屬於「對方的課題」，就會覺得「這是身為人無法避免的事」了。

如果被利刃所刺，一定會身受重傷，但如果換成是惡劣的言語或態度，只要自己接受的方式得當，就可以充耳不聞，毫髮無傷。

如果被批評，你只要就事論事，對事不對人，接受有助於自己的「建議」，將其作為自我改進的參考，而不要把重點放在對方說話的語氣和態度上。其他與事情本質無關的枝微末節，就別往心裡去。這樣，你才能正確面對「批評」這件事。

即使對方真的心懷惡意，你因此而覺得受傷，那就更愚蠢了，因為這樣不就讓對方達到目的了嗎？自己的情緒是「自己的問題」，請保護好自己，千萬不要拿別人的錯誤來懲罰自己。

第4章

如何在人際關係上不吃虧

【擁有「被討厭的勇氣」】

49 讓自己活得更好，勝過說別人不好

女人會做出很弔詭的行為：雖然他們下意識地希望被所有人喜歡，但仍可能私下議論別人。

那麼，你是否曾被人在背後講過壞話？或者，你有沒有私底下說過別人的壞話？

大多數女性對於上述兩個問題的答案都會是肯定的吧。即使有人說：「沒有沒有，我這個人做事一向光明正大，絕不會說三道四。」會這麼回答的人，可能自己多少也說過別人的閒話，只是沒有自覺罷了。

還有些人甚至會參加每一場女性聚會，就怕自己成為別人在背後議論或說壞話的目標。

在背後道人長短、說是非、聊八卦，也是女性消除壓力和表現同仇敵愾的一種方式。這樣做並不會造成太大傷害，頂多大家在討論的過程中會抱怨生氣，但心裡並不會有什麼罪惡感，還會越說越起勁，氣氛十分熱絡。

當聽到別人對你坦言：「其實大家都說你是……」你一定會很詫異且難過：「明明大家看起來都很友善啊！原來只是我一廂情願。我再也不相信任何人了！」或者陷入「每個人都討厭我」的自我厭惡情緒。

面對惡意中傷、說你是非的人，該與其強勢對峙還是忍耐？該如何才能不被流言蜚語與惡意中傷擊垮呢？以下有三個不當「受氣包」的教戰守則。

一、與其「不被講壞話」，不如瀟灑當個「被講壞話也不在乎」的人。

如果有人在你背後放冷箭、說壞話，因為不是當著你的面，而是偷偷摸摸地進行，所以有些人會睜一隻眼閉一隻眼，假裝沒這回事。

而那些說閒話的人也可能會辯稱：「我不是要『抱怨』，只是想『私底下八卦一下』」，或是「我隨便說說的啦，你不用特別回應。」

因此，即使有人通風報信，告訴你有人在背後偷說你壞話，但只要那些壞話不是當著你的面說，那你大可抱持「愛講就由他去講吧」的心態。因為**無論被說閒話或不被說閒話，都不會改變你的價值**。

對別人的批評不覺得自卑，對批評你的人也不排斥。如果發現自己真的有需要改進之處，針對能讓自己變好的部分，謙虛接受即可。

二、**盡量以平常心面對**。

即使被人抹黑、毀謗中傷，也不需反應過度，或是以其人之道還治其人之身地反唇相譏。你的不在乎，就是最好的回擊。

當你置身於會被流言蜚語所傷的環境時，只要保持平常心與人打招呼，一切順其自然就好。那些不敢或不會當面說你壞話的人，在和你一對一單獨相處時，通常都會表現得還滿友好的。

三、時間就是最好的解藥。

即使被人說閒話，也不是什麼致命的傷害。你不會一輩子都被人造謠抹黑的。然而，毒舌的人很快就會忘記自己曾說過的八卦，但被中傷的人卻會耿耿於懷。因此，請將心比心，即使你被人在背後詆毀，也不要私下議論他人。

【不要再為自己打分數了！】

50 停止用「否定自己」來追求肯定

在聽到別人對自己冷嘲熱諷時，許多人會玻璃心碎一地，強烈自我懷疑，沮喪的情緒如排山倒海而來，無法釋懷。

人在感到不安時，特別容易鑽牛角尖。為了生存，會更關注壞消息，以便能及時自我保護，因此不斷反芻焦慮與恐懼，在大腦中過度解讀這些負面情緒，進而認為自己討人厭、很沒用。

對於這類人，我想傳授兩招能客觀地看待自己、不隨便自我否定的想法。

首先，是秉持「不需要做完美的人」的心態，把別人的嘲諷視為「只是針對你某個部分的批評」。比方說，即使被人辱罵「你根本就是魯蛇！」「你個性實在太糟了！」對於這種惡毒的話語，只要當作對方只看到你的一小部分，是以偏概全地無端對你做出評價。

容易自我否定的人，通常對自己都很嚴苛，認為有缺點就代表自己「不夠好」、「不值得被愛」，給自己打負評。這種追求完美的態度會使人筋疲力竭。但**如果能夠體認到「有優點也有缺點，才是真實且完整的人。」那麼無論是什麼樣的自己，都是很棒的。**

另一個方式，是「不自我評價」。換句話說，就是不要進行自我否定或肯定。

當我們看待別人時，往往會在有前提的情況下評比對方，例如：「因為某某原因，所以我喜歡（或討厭）他」，很少會無條件地接受一個人。

同樣地，我們也會在某些情況下對自己打分數：「因為某個原因，所以我覺得自己很沒用。」

如果能客觀地自我審視，坦然接受自己本來的樣貌，認清「無論好壞，這就是我」，擺脫無謂的思考，不再執著於「我應該要這樣」、「我一定要做到那種程度」的想法，就會逐漸感受到這世上獨一無二的自己也有可愛之處。

當你自我否定時，請告訴自己「不完美又何妨」、「我不需要替自己打分數」。

【你有「拒絕困難症」嗎？】

51 拒發「好人卡」，不再當濫好人

你有沒有碰過一種人，他明明百般不願，卻還是接受他人的午餐邀約；或內心萬般抗拒，卻因為不好意思拒絕別人的請託，仍勉強自己幫助對方？

生活中的確有不少像這樣，一味壓抑自己的情緒，導致壓力越來越大的人。

像有些女性面對男友或先生總是溫柔體貼，然後在某一天卻突然失控抓狂，情緒大暴走。

還有位女性派遣員工曾難過地對我說：「在工作中，我只能壓抑自己的情緒，忽略自己的需求，因為這樣做才能避免困難或衝突，讓工作順利進行。不過，這種情況我最多只能忍耐一年，所以每年就得換一次工作。」可見「自我壓抑」雖然也是一種處世之道，但長期來看並不可行。

為了扮「好人」而持續忍耐的人請注意：「好人」到最後就會變成「隨便怎樣都好的人」。

當你被認定「這個人對什麼事都會說ＯＫ」、「反正不管怎樣做他都不會有意見」，就會被視為「沒意見先生（或小姐）」，不僅會被忽視，還會被對方牽著鼻子走。

我能理解想要「當好人」的心情。這種人通常都很善良，即使內心不高興，也會顧全大局，考慮他人的感受，而不說出自己真正的想法。然而，一旦感覺到自己在忍耐時，就會在心裡默默責怪對方，也會覺得人際關係真是件麻煩事。

那麼，這種「好人」究竟該怎麼辦呢？

答案很簡單。當你開始覺得不愉快時，就應該優先考量這樣的情緒。過去，你可能是以「別人」的角度來決定行動，現在應該改從「自己」的角度出發。可能有人會反駁：「我就是因為做不到才傷腦筋呀！」或是「不對吧！我們本來就該學會控制自己的情緒啊！」但無論如何，我們都不應忽視內心真實的感受，請先記住這點。（關於「如何在不和對方衝突的情況下表達感受」，會在第5章介紹。）

重視自己的情緒，遇到不願接受的事情，就告訴自己：「面對這種狀況，我無論如何都得要拒絕。」光是這樣，就已經是很大的進步了。

【「為什麼別人總是比我好？」】

52 認同他人的優點，就會看到自己的強項

女性之間互相較勁的行為，可說是天性。

從古至今，女性每天都與同性進行「沉默的戰爭」，以確認彼此的優劣高下。他們不斷與人比較，像是外貌、智慧、身材、異性緣、家世或財產，任何事情都可以相互攀比。女性自己也會在這樣的比較中，心情忽高忽低，忐忑不安。

前一陣子，有位年輕的女性說：「被和公司同期的同事比較真辛苦。實際上，我的工作能力根本贏不了他，男同事也都對他讚不絕口。我想至少要搶先他一步結婚，然後就趕快辭掉工作！」

像這種痛苦並不是因為被他人比較而產生，而是自己跟旁人比較所導致的。

無法對別人的成功或幸福感到高興的人，已經掉入「比較的陷阱」中。

要戒除「跟他人比較而感到沮喪」的習慣，只有一種方法，那就是稱讚對方。

你可以在內心默默讚許，但如果能把讚美之詞說出口讓對方知道，大方稱讚：「恭喜！你真的很棒！」這樣會更好。

當你認同對方的優點時，把注意力放在他人身上，自我聚焦會弱化，心情就會比較輕鬆，也能以全新的視角看待事情，例如：「我不必用別人的步調來為難自己。」此外，也會意識到自己的優點：「其實我也做得到嘛！」或是發現其他的益處：「優秀的同期同事可以激勵我更進步。」等。不久的將來，你可能還會疑惑：「為什麼過去我要那麼計較呢？」

當你產生比較心時，事實上就是在進行一場「注定失敗的爭鬥」。你會認為對方強大，是因為在這種情況下，我們通常是以「自己缺少的東西」，與「對方擁有的東西」做比較。雖然你也擁有很多優勢或他人所欠缺之物，但你卻忽略了此事。換句話說，就是「外國的月亮比較圓」的心態。

與人比較不是為了讓自己失望，而是要讓自己進步。如果真要比較的話，不妨激勵自己：「我也想變成那樣的人！」或是思考：「他跟我有哪裡不同呢？」這樣的比較可以成為我們成長的養分，而不是陷於消沉的情緒中。

【想太多又愛腦補】

53 90%的煩惱是自己想出來的

「女人的第六感很準」，這句話有時候的確沒錯，但有時卻未必正確。是對還是錯只取決於一個條件，那就是「是否客觀看待事實」。

基本上，女性具有敏銳的觀察力和豐富的想像力，所以面對伴侶不忠時，她們往往能察覺出那股不對勁的感覺，並進一步從對方的言行舉止找出蛛絲馬跡印證，或蒐集證據查個水落石出。

但也有些女性會覺得自己太疑神疑鬼了：「欸，這根本就是胡思亂想吧？」

比方說，他們可能會認為公司的「那個前輩好像很討厭我」，躺在床上準備睡覺時，紛亂的思緒仍揮之不去，還在不斷回想：「他一定是嫉妒我」、「之前好像也發生過類似的事」、「他在跟○○○聊天時一定會說我壞話」等，編出一堆妄想的故事。

一旦我們產生主觀的感覺或假設，但缺乏確切的證據，只是在內心默默認為「我覺得～～」時，就會傾向尋找那些能夠支持自己假設或感覺的資訊。而像是「對方之所以漠視我，可能只是剛好在趕時間」、「或許他這個人個性本來就比較冷漠」等另一種可能性，則一概被忽略。

這樣就形成「傷害自己的人＝壞人＝敵人」的思維模式，把對方視為敵人，然後因為對方的反應而讓自己的心情高低起伏不定。這種「自找麻煩」的行為是最愚蠢的。

有時候，我們的確會不由自主地想像糟糕的情況：「該不會……吧？」這時，請對自己說下面這兩句話。

一、**「多想無益。」**

如果我們花時間過度思考，就表示沒有把時間投注在重要的事情上。事實上，我們總是想得太多，而且習慣失控地胡思亂想，讓自己心神不寧。先告訴自己「多想無益」，然後停止妄想。

二、**「不要沉溺於想像，只要面對事實。」**

如果我們根據自己的主觀偏見行事，認為「對方一定會認為～～」這樣的想法，會讓問題變得複雜。

讓我們客觀看待現實，只要處理已確實發生的事情，比如：「對方說我……」「對方對我採取……行為」，專注於當下。除非是像霸凌或排擠等嚴重的問題，否則就不必再予以理會。

【當罵人的話快脫口而出時】

54 逞一時口舌之快，贏了又如何？

有些人是屬於心裡憋不住話的類型，當他們無法認同主管的所作所為時，就忍不住想反駁；或是對別人有看不順眼的地方，就非得說對方兩句。

過去我也曾遇過這樣的部屬。每次只要他在工作上被批評，就會怒氣沖沖地跟人對槓：「我已經很認真做了，你到底還想怎樣！」「這種不合理的要求我不能接受！」像這樣，非常情緒化地堅持自己的正當性，並不斷用言語或行為來反擊、辯解，搞得現場氣氛很僵。如今回想起來，如果我當時能認可他的努力，事情或許能夠處理得圓滿些。

能夠坦誠說出自己的意見是件好事。從大多數人「有想法卻不敢說」的角度來看，勇於表達、為自己發聲是值得讚許的。不過如果只是逞一時的口舌之快，常會讓人在事後為自己的衝動感到後悔，或是因此四面樹敵。

這種人多半沒想到話未經思考就脫口而出的後果，因為他們無法忍受心中的不快，滿腦子只想與對方拚輸贏，認為「沉默就代表認輸」。雖然他們只是希望對方能夠理解自己的想法，但當怒氣直衝腦門時，就失去了理智，忽略內心深處正吶喊著「請理解我的感受！」「拜託你改一改！」的聲音，只是一味發洩情緒，把充滿「憤怒」的球丟出去。

當把全副精神放在必須將不滿與焦慮一吐而快時，也請運用想像力，想想別人在接到這顆「憤怒」的球時，會有什麼感覺。

如果你是情緒激動就無法好好表達內心想法的人，在生氣時請先自問：「有必要說這些話嗎？」如果實在覺得話不吐不快，嚥不下這口氣時，就先暫時離開現場，去喝杯水也好。也就是說，在情緒失控前先「轉換場景」，延遲怒氣爆發的時間。然後仔細想想是否要說出那些話，這樣可以讓激動的心情冷卻下來，讓自己慢慢回到客觀的角度看待事情。

在稍微冷靜後，如果發現可以有更好的做法，再思考「該如何表達才能達到我要的結果」，在措辭上進行調整。具體的方法將會在第5章說明。

此外，請自行處理心中的那股悶氣。你可以把生氣的事寫在紙上，然後撕成碎片，或是找個值得信任的人傾訴（當然也要顧及對方的心情，不要一味傳遞負能量）。只要把注意力轉移到喜歡的事情上，不久就可以忘掉糟心事。事後回想起來，或許還會覺得之前太執著於勝負之爭。

其實，輸贏都是由自己創造的，選擇和行動會影響你最終會成功或失敗。

【你認為對的，不代表我就得接受】

55 不要強迫別人接受你認爲對的事情

「既然是主管，就該為自己的決定負責」、「身為男人，至少年薪該要有○○萬吧」、「為了薪水，即使身體不舒服也得抱病工作」……

若你太執著於這種「應該思維」，將自己的主觀原則或理想強加於他人身上，會讓身邊的人對你產生反感。

認為「自己的觀點才正確」的人，便會強迫別人接受自己的價值觀。他們會秉持「理所當然的常識或道理」，用來強調自己意見的正當性。

例如，前輩斥責女性後進：「一般人是不會這樣做的！」一旦對方說出這樣的話，就沒有任何討論的餘地了。當上司用自己的道理來「教」你「應該要這樣做」時，即使這位後進有無法做到的苦衷，主管的「應該思維」就已讓屬下被誤認為是「不肯好好聽話的人」了。

為了說服對方，人們有時會搬出多數人認可的共識或邏輯，利用「大家都是這麼認為」的群體優勢來支持自己的觀點。但這是種狡詐的做法，因為「少數必須服從多數」的原則，讓少數的意見顯得就是錯的。

話雖如此，但每個人或多或少都有這種「應該思維」吧。

前陣子有個女孩子對我抱怨：「我總認為工作就應該要努力、要拚盡全力，結果老是加班到半夜。但我只是個約聘員工，為什麼卻是全公司做得最辛苦的人呢？」

會產生這樣的不滿，是因為她的「想法」與「情緒」背離，過度勉強自己所造成的。

如果你也有「應該思維」，首先，試著別再對自己或別人說「你應該做」、「你一定要」，而可以用「或許你可以……這樣會比較好」這類的說法來代替。

例如，把「你應該寫一封感謝函」的命令，改成「我建議你寫封感謝信或許會比較好」的建議；把「既然工作了當然就該存錢」的教訓口吻，改成「如果你能存點錢會更好」的善意規勸。透過這樣的方式，在與人應對時就會多點彈性，開始思考「這件事真的是非做不可嗎？」「或許還有其他方法嗎？」

其實，人生幾乎沒什麼是「應該要這樣做」的事，而且，每個人都有選擇該怎麼做的自由。

【成功破冰，重拾情誼】

56 衝突後，重修舊好的練習

我們可能會一時衝動與人發生口角，口不擇言說出難聽的話；或是被說壞話，導致彼此心生芥蒂。雖然想修復不愉快的關係，但拉不下臉主動開口跟對方說話，又或是找不到好時機。

如果你也遇到類似的狀況，趕緊主動出擊吧。

想要卸下心中的重擔，恢復內心的平靜，賭氣冷戰是不明智的決定。別再糾結於「明明就是他的錯啊」的想法，放下無謂的自尊心吧。

你可以嘗試下列「當關係變得尷尬後重修舊好」的步驟。

一、**保持平常心，表現出「我不介意喔」的態度**。

雖然可能只是彼此有點尷尬彆扭，但如果一直保持對對方視而不見的態度，關係就會越來越僵。以平常心與對方打招呼，有必要時仍保持互動溝通，展現出想重修舊好的意願，有時候這樣做就能前嫌盡棄，恩怨一筆勾銷。

如果對方是比較愛面子的個性，建議可以在公眾場合主動攀談，因為這樣，對方會比較不好意思顯現厭惡的態度或忽視你。

二、**誠心表達歉意**。

不要責備對方，而是先說「上次真是抱歉」、「之前我說得太過分了」、「讓我們重修舊好吧」這類主動釋出善意的話語。相信聽到你這麼說，對方也會感受到你的誠意，甚或坦承其實自己也有錯，彼此都覺得「把話說開真好」，進而成功破冰。

不方便當面談時，用電子郵件或電話也是有效的。但缺乏面對面交流，就無法透過對方的身體語言、表情、音調，感覺他真正的情緒，所以親身溝通才是可以最快化解歧見的方式。

三、遭到拒絕，就讓時間解決一切。

如果你已經道歉，對方仍然對你不理不睬，拒絕你拋出的橄欖枝，就是他的問題了。那麼，就把此事暫擱一旁，靜觀其變，過段時間再說。

然後，隨時保持開放的心態，當對方態度開始軟化時，你可以先從主動與對方打招呼開始，比如：「今天好熱喔！」這種話家常的方式，在談話中巧妙傳達出「我想跟你和好」的意願。

如果對方仍然固執己見，那就隨他去吧！只要在工作或生活上不會對你造成太大影響，就無須介意，保持適當的距離相處即可。

【克服害羞心理】

57 內向害羞者的刻意練習

其實我以前非常怕生，無論是到新的工作環境，或是參加社交活動，總會覺得自己像是個局外人，而且永遠都在等其他人主動來跟我交談。

不過，如果是小孩子也就罷了，若長成大人還內向、慢熱、社恐、臉皮薄，那就有點傷腦筋了。

我後來發現，「害羞」其實只是我不願主動出擊的藉口，透過努力還是能夠提高社交能力的。因為我經常換工作，也常一個人在國內外各處旅行，需要跟人主動攀談或聊天的機率增加，讓我的個性有所轉變。現在，即使我在電梯裡遇到陌生人，也能輕鬆和對方閒聊幾句。

溝通能力就和學習語言或樂器一樣，都可以透過訓練予以增強。以下是我透過身體力行，克服害羞怕生的幾種方法。

一、**利用打招呼和道謝，勇敢跨出第一步。**

害羞的人，說得誇張些就是把所有人都當作「敵人」，會對人感到害怕，也很怕遭到拒絕。不過，絕大部分的人聽到打招呼或寒暄的話語都會予以回應。此外，「謝謝」也是所有人都會欣然接受的一句話。

如果對方的反應友好，還可以順勢多聊兩句，像是「今天天氣真好耶」，在公司則可以關心同事：「你昨天很晚才下班嗎？」等等，視情況增加談話的內容，讓對方多些可接話或延伸談論的點。

此外，找到看起來好聊、能聊的人，也是不錯的方法。你既不用擔心無話可說，也可以看看健談的人是怎麼跟人交流的。

二、試著對對方感興趣並提問。

害羞的人通常會把重點放在自己身上，一直想著別人是如何看待自己，或很在意自己的一舉一動是否出錯。

其實我們可以試著轉移焦點，對他人產生好奇心，像是：「那個人會是什麼樣的人呢？」「他喜歡什麼？」「他老家在哪？」將這樣的關心與興趣透過提問，釋出想認識對方的善意，同時也先自我介紹：「我是～～那你呢？」讓對方能對你有進一步的認識。

三、找到共同的話題。

對女性而言，常因為彼此有共同點而迅速拉近彼此的距離，增加可以聊天的話題。比方「我也有養貓耶！」或是「我每個星期也都會追那齣電視劇！」

四、抱持「就算被討厭也無所謂」的輕鬆態度。

「用最真誠自然的態度面對對方，如果還是被討厭那也沒辦法。」抱持這樣豁達的想法，就可以自在地與人交談。

大多數人對於他人的主動攀談都會予以友善的回應，但就算有人拒絕你，只要想著那是「對方的問題」就好。

即使失敗，天也不會塌下來，不用想得太嚴重，以輕鬆的心情不斷嘗試就對了。

【是高敏感，不是玻璃心】

58 高敏感族群要建立剛剛好的人際界線

因為一點小事情就感到不安、在眾人面前容易緊張、面對不熟悉的人會侷促不安，與人社交應酬後會覺得筋疲力竭……這種對內在和外在刺激敏感，容易被情緒淹沒的人，在心理學中稱為「高敏感族群」，簡稱HSP（Highly Sensitive Person）。但這不是疾病，而是一種心理傾向。

據說有百分之二十的人屬於高敏感一族，但我覺得日本人占的比例似乎更高。對於不那麼敏感的多數派而言，可能會認為高敏感族「太脆弱了」；但對於高敏感者來說，因為他們容易負面思考，所以會覺得受傷或受挫是難以避免的事實。

這樣的人，可以嘗試養成以下的思考習慣：

一、勿將別人或發生的事情和自己做連結。

對於敏感的人而言，當別人不高興，或是自己遭到強烈的批評時，很容易驚慌失措地想著：「是不是我做錯了什麼？」「我說了什麼不該說的話嗎？」但這樣焦慮的思考模式，已經讓自己的感受延伸到「別人的世界」，超出了「自己的範疇」。

當發現自己想太多、快要陷入自我懷疑的泥沼時，要趕快把這樣的念頭趕出大腦，告訴自己：「這不是我該煩惱的事」，並回到「自己的世界」。反覆練習多次後，你就不容易被其他人的行為影響了。

二、別人並不如你所想的那麼在乎你。

告訴自己，無論穿什麼衣服、說什麼話、犯了什麼錯，其實真正會在乎這些事的只有你自己。

三、以自己的步調和適當的距離與人互動。

你無須認為得跟所有人都相處融洽，或是要迎合別人。與那些你覺得不好相處、與自己「不投緣」的人，保持適當距離也是OK的。

這世上有些人跟你合得來，但也有些人就是怎麼樣都處不好。珍惜那些能夠真心對待你的人，那麼即使受到其他人的批評，你也不會太在意。

異常敏感的人多半也過度共情，他們具有體貼別人心情的能力。此外，對於積極的情緒，例如喜悅、高興、感動等，也比一般人更能敏銳察覺，這在人際關係中可以成為一項優勢。

即使內心不夠強大，但個性溫和、柔軟，也能過得很好。接受真實的自己，停止自責，擺脫內耗，就能覺得輕鬆許多。

【改變女性的「原廠設定」】

59 令人討厭的女性特質，源於無法改變自我的「定型心態」

《心態致勝》的作者，心理學家卡蘿．杜維克，花了二十年的時間研究，發現人分成「定型心態」與「成長心態」。

所謂「定型心態」，就是認為一個人的能力與天賦是有限的，即使再努力也無法獲得或增加；相對地，「成長心態」的人則認為，能力是可以刻意練習、經由後天培養的。

當我讀到這些內容時，才恍然大悟，原來會讓人討厭的「女性特質」，不就是「定型心態」所致嗎？例如，愛跟人比較、嫉妒別人的成功、過度在意他人的眼光……等，都是因為認為「無法自己選擇人生」的定型心態所造成。

此外，定型心態的人因為希望自己看起來像是不會被擊垮的勇者，因此會刻意避開危險的挑戰，這樣就能避免失敗。一旦遇到困難也會立刻放棄，導致能力停滯不前。

當然，也有女性是具備「成長心態」的。他們相信，人生最大的敵人就是自己，只要不斷提升自我，就能獲得周遭的認可，邁向心之所嚮的未來。即使遭到批評，只要接受對自己有幫助的建議；遇到困境，也會視為讓自己成長的養分。

話說回來，幸而「定型心態」可以藉由努力改變為「成長心態」。這裡傳授你轉變的最重要方法，那就是「做自己真正想做的事」。

全心投入喜歡的事，會讓人感到充實與快樂。這樣當你面對挑戰，覺得快撐不下去時，就能告訴自己：「再堅持一下，就可以跨越那道障礙了。」每天致力使自己更進步一點，假以時日，你會發現，原來自己已經進步那麼多。

只要能相信自己，並專注探索內心真正的想法，就不會自責或埋怨別人，也不會在意別人的眼光。

【保持彈性思考】

60 世界不是非黑即白，還有灰色地帶

前面提到「定型心態」的人，隨時都以周遭的評價為準則，傾向追求「失敗或成功」、「人生勝利組或魯蛇」、「敵人或盟友」等世俗所認定的標準。

從心理學的角度來說，女性比男性更偏「黑白思維」，也就是將所有事情進行分類的思考方式，是像黑或白、善或惡、對或錯，朋友或敵人等，沒有任何所謂的中間立場或灰色地帶，只有兩個由極端元素所組成的對立面。

的確，在戀愛關係中，通常也是由女性不斷提出各種問題，要對方做出決定，比方：「你到底喜不喜歡我？」「你要繼續交往，還是要分手？講清楚啊！」

在不穩定的狀態下，人們會感到煩躁不安。因此，無論結果是好或壞，為了讓自己能夠穩定前進，就算咄咄逼人，也會想方設法獲得答案。

這種非黑即白的二分法思維，會在人際關係或其他各方面都導致不愉快。

其實過去我也是這樣。在與客戶聯繫時，要是對方稍微挑剔我，我就會立刻想跟對方一刀兩斷，心想：「這個人真討厭，我再也不跟他談生意了！」一旦看對方不順眼，就全盤否定此人，將之視為誓不往來的敵人。

不過，我的銷售同事中也有位女生，無論對方對他多無禮，他都能泰然處之，並鍥而不捨地多次前往拜訪。他說：「人家是說我有些地方不好，又不是認為我一無是處。我只要把不好的地方改掉就行啦。」

能夠接受灰色地帶，顯然是明智的人。他們可以從指正或建言中學習，讓自己變得更好，同時也能繼續與人維持良好的人際關係。

現在，我常會用下面這兩句具有魔力的話語，幫助自己接受灰色地帶的存在。

一、「**現在這樣就很好了。**」

《天才笨蛋阿松[2]》裡的爸爸，無論事情的結果如何，他都會認為「現在這樣就很好了」。

面對人際關係的煩惱，也可以抱持同樣的心態：與其追求完美，不如學習如何知足。

二、「**人生沒有不可能。**」

當我們能調整心態，對之前否定的人或事，予以肯定或接受，就會意識到其實每個人都有各自的考量與處境，因此他們的行為和反應也會因個人經歷而異。

接下來，用自我期許、有建設性的方法思索：「那麼，我能怎麼做呢？」不指望別人，而是靠自己想辦法解決。

「非黑即白」、「不是0就是1」的思考模式，會把我們推向極端。如果能接受灰色地帶，就能從自我否定的狀態中解脫，無論自己是什麼樣子，都請抱持「這樣就很好了」的心態。

2 譯註：日本知名搞笑漫畫，故事描述松野家六胞胎的日常生活，也曾改編成動畫。

第5章

從對立到對話，化解衝突

【溝通的重點不在對錯】

61 懂得表達想法和情緒，別人才能懂你

與人交談或溝通時，一定會遇到必須表達意見的狀況。

比方說，主管提出不合理的要求，但你認為「繼續這樣做，無論對公司或對自己都不利」時，你會怎麼做呢？以下有三種選項。

一、選擇服從對方，覺得「反正說了也沒用。」

二、斷然拒絕，明確表示「我做不到！」

三、先問對方為什麼要這麼做，同時也表達自己的意見。

我猜大部分的人應該都會選第一種吧。他們會覺得「說了只會把氣氛搞僵」，所以就把原先想說的話往肚裡吞。但如果一直認為自己聽話照做就好，之後就會變得對對方百依百順，唯命是從，逐漸失去自己的原則。

試著不被內心的小劇場影響，勇敢說出你的想法吧！對方聽到後可能會驚訝地回道：「你怎麼不早點告訴我！」並願意重新考慮已被放棄的決定。就算對方不接受你的意見，但在你表達想法後，情況或許也會有轉圜的餘地。記住，永遠別把自己的感受放在次要的位置。

第二種做法，是將想說的話一吐為快，這在對方得寸進尺的狀況下的確適用。不過，有話直說的負面回饋，會令人聽了很不舒服。

想要擁有「不與人發生衝突的人際關係」，正確的解方是採用第三種做法。「你（或公司）有你的想法，我有我的觀點。那麼，該怎麼做才好呢？」像這樣，從雙方的視角，找出彼此有共識的解決方案，而不是執著於「爭論對錯」。不同的意見，或許更能激盪出具有建設性的討論，有助於制定更好的計畫。

我們無法避免與人有意見不合的時候，但表達自身的觀點並不代表會產生衝突。在本章，我會提出「如何把衝突轉化為溝通」的訣竅。當意見分歧時，還是可以好好說，不必撕破臉。

【觀點不同，還是可以好好說】

62 說出不傷人的真心話

能直言不諱，說出心裡話，感覺一定很舒服。不論周遭人怎麼想，都能表達自身意見的人，坦言「這有點奇怪吧？」「我認為應該是～～」這類人必然表裡如一。

不過，話要說「別人需要的」，而不是「自己想要的」。「實話實說」有時在「心直口快」的包裝下，雖然說出了事實，卻也帶有批評。若只是說出自己想說的話，卻不在乎別人的感受，也會令人覺得太過任性。千萬不要以為自己是在「說真話」，就可以肆無忌憚地不考慮聽者的感受。

想像一下，在你身邊有個就算說了真心話也不會惹人厭，反倒能贏得他人信任和喜愛的人。這樣的人之所以受歡迎，是因為他充滿自信，也不會對別人冷嘲熱諷。正因為他無所畏懼，表達的方式也充滿真誠，即使偶爾冒出辛辣的真心話，大家也能接受對方這種心直口快的真性情，而不會覺得被得罪。

落實下列三種訣竅，就能讓你擁有「把真話說好」的智慧。

一、**用愛心說誠實話**。

當一個人直言不諱說出內心真正的想法，而聽者能感覺到對方的善意時，這位說話者必定個性十分爽朗。

如果是抱持沉重的心情而不得不說出的真心話，會讓氣氛變得壓抑而凝重。

在必須告知難以啟齒的真話時，以輕鬆自然的態度傳達是很重要的。先用委婉而溫和的語氣說明自己的想法，比如：「我是這麼覺得啦～～」用這樣的方式做開場白，能同時減少你與聽話者的焦慮和壓力。

二、**別強迫推銷自己的想法**。

真誠的對話應該是從「替對方著想」的角度出發。如果你的出發點是良善的，就不會逼迫對方接受自己的意見，而會認為：「無論對方接不接受，都不是我能控制的。」因此不會患得患失；也不會因為和對方意見不合就產生爭執，或是忍不住說教、口出惡言，甚至暴力相向。

從聽話者的角度來看，當對方聽到你真誠的建議，即使他不想接受，也會打從心底感謝你的意見，更不會有被強迫推銷的壓力。

三、**真心話，用心說**。

「說了這件事，結果會怎麼樣？」像這樣，一旦想太多，想講的話就說不出口，即使說了也還是會擔心不已，陷入煩惱迴旋。

不少有話就直說的人，正是因為他們認為「即使說實話也沒關係」，因此多半說完就忘了。

在關係裡忍耐會讓你不快樂，所以你得先練習說出自己的感覺，別人才會懂你，這樣做更是對自己情緒負責的態度。

【把「觀點」與「感情」分開】

63 觀點不同，不代表無法融洽相處

許多人都認為，一旦彼此的意見相左，就會使雙方關係惡化。尤其是那些不擅長表達自身想法，或認為必須強硬說服對方才算獲勝的人，會將意見不同者視為敵人，並過於自我防衛。容易與人起爭執的女性主管，就有不少是屬於這種類型。

不過，有些女性可以明確表達自身的意見，同時也能妥善應對有不同看法的人。如果你仔細觀察並思考他們是如何做到的，就會發現他們懂得善用女性特有的樂觀、寬容及謙遜等特質。

「能妥善解決問題」，是他們最優先的考量。

這類的女性不會計較輸贏，也認為不必非得爭第一，他們願意在背後支持大家，或將榮耀歸於他人。

他們多半不喜歡與人起衝突，能夠默默付出，看到別人成功時會衷心為對方感到高興、滿足，為人寬宏大量。

此外，這類女性能清楚表達意見，也不會過分強調自身利益，因為他們把重點放在「解決問題」，而非「如果獲得好評」上。因此，他們能夠接受現實狀況並靈活應對，在考量對方的個性與立場後才謹慎發言。奇妙的是，這類低調、不張揚的人，反而備受關注與讚賞。

如果你是那種在與別人意見不合時會感到困擾、心煩意亂的人，不妨告訴自己：「問題不在於『那個人』，而是『那件事』。」

儘管意見不同，但不意味我們就要完全否定對方的一切，或許他們在某些方面也能成為我們的助力。我們應該將「對方的個性」跟「問題」分開看待，而且不要把情況複雜化，只要先解決眼前的問題即可。有時候，意見不同也無妨，只需在必要討論時專注於「有待解決的事」。

「意見表達」與「我認為你這個人如何」是完全可以切割的事。別因彼此意見不同而讓自己對人心懷敵意或偏見，這樣的心態會成為解決問題的絆腳石。

【別當插嘴王】

64 「可是」、「但是」、「反正」，讓人反感度爆表的三個詞彙

與人進行討論時，基本上可依序進行下列三個步驟：「聆聽對方的觀點」↓「表達意見」↓「解決問題」。

換句話說，傾聽是溝通的起點。當我們願意敞開心房聆聽，對方也會願意聽你說話。

儘管聆聽對方的觀點很重要，但如果對方說了你無法接受的想法，或只是單方面堅持自己的主張，聽到後來你也會感到不耐煩吧。這裡提供心平氣和聽取不同意見時的要訣，共有四點。

一、**對「事」不對「人」：把重點放在「對方說了什麼」，而不是「誰說的」。**

在面對喜歡或尊敬的人時，我們都能專注聆聽對方的話語。

但對於對方無好感，或是年紀比自己小的人，我們往往會帶有批判的心態，容易先入為主或妄下定論，預設立場認為「反正這個人就是很任性」、「跟這個人怎麼說也沒用啦」，而不是試圖了解對方究竟想要什麼、想做什麼。

二、**尊重對方的情況與立場：藉由提問，讓對方表達感受及觀點。**

例如，當你認為A方案很好，但對方卻比較喜歡B方案時，一定有他的原因。

如果你能進一步詢問：「為什麼你認為B比較好呢？」就能了解對方做出選擇的理由。

即使你不認同，也能透過表示「喔，原來你是這樣想～～」的理解，來展現尊重對方的意見及立場。

三、不要打斷對方說話：別說「可是」、「但是」、「反正」這些詞彙。

當我們的想法遭到批評時，會忍不住用「可是……」反駁，或是以「但是……」當作藉口，甚至自暴自棄說出「反正……」等話語。

但這三個用語都是負面詞彙，如果使用這些詞語打斷對方說話或插話，很容易讓人反感。因此，要先冷靜聽對方說完。

四、積極尋找共同點：表示「我能了解」、「我也是這樣！」

與其執著在彼此的歧異，不如積極尋找雙方的交集或相似之處，積極表示贊同。

例如，當你能共情並認同對方也很花費心思認真思考時，就會以更寬容的態度接受對方的想法，認為這些不同的觀點也很寶貴。

正因為有不同意見的人存在，才能讓我們用不同的眼光看世界，並且成長。

【如何提出「不容易被反對」的觀點】

65 這樣表達，對方更容易聽進去

雖說誠實很重要，但一五一十說出真正的想法也未必是好事。

為了解決問題，讓事情順利進行，你可能需要說服他人，因此你得慎選言辭，思考該用什麼方式表達，才能讓對方理解與接受。由於你措辭用字的不同，對方的反應可能也會完全不一樣。

想要說服他人同意你的計畫，如果能遵守下列原則，在表達時會更有邏輯和條理。

一、**說話時，用「我」陳述法**。

比如，在工作上，你希望同事能改變工作方式，如果以「你」為主詞，說出「你的做法有問題」之類的話語，會讓對方覺得受到指責。

但若以「我」作為開頭，改用「我建議這樣的做法比較好」的說法；或是用「我們」當作主詞，像是「我們也許有更快的處理方法」，就能產生同舟共濟、一起思考的團隊意識。

二、**說出想法後，要提出證據佐證**。

表達意見後，接著就要提出證據，證明你的看法是正確的，讓對方信服。像是用數字說服他人，例如：「如果用這個方式，可以省下一半的時間」等。

為了不被對方吐槽說「哎喲，不可能吧！」記得要先收集能讓對方認同的事實與證據。

三、**詢問對方的意見**。

在說完自己的想法後，要詢問他人的意見，例如：「我認為……但〇〇〇你覺得如何呢？」

在表達意見的同時，也展現願意聆聽的態度，就不會形成對立，而能營造出交流與溝通的氛圍。

四、**先提出可能被質疑之處與解方**。

你也可以先設想對方可能會無法接受的理由和反駁的觀點，然後先提出「或許你會認為～～但其實～～」做進一步說明，這樣就能避免受對方質疑。

例如，年輕人對年長者可以說：「或許您會覺得我有點傲慢，但是～～」當你提出屬於少數者的意見時，則可以說：「大多數的人可能認為～～但我覺得～～」等。

五、表達與對方有共鳴的觀點。

傳達能讓對方有共感力的觀點，像是：「相信我們都希望能合作愉快」、「我們都期望顧客能更滿意」，一旦找到彼此都認同的共同目標，就表現出願意積極合作的態度，這樣做能讓對方產生共鳴。之後就能繼續進行溝通，找到折衷方案。

表達意見，並不是要引發對立衝突，而是要解決問題。因此，勇敢說出自己的立場和想法吧！

【讓雙方都能接受的談判術】

66 達成「能解決問題」的共識，比追求「最好的解法」重要

有時會出現雙方各自堅持己見，僵持不下，以至於後續作業無法進行的狀況。

在確認彼此的共同觀點與歧異之處後，就得盡快著手解決問題。若是延宕太久，對於工作或人際關係都會造成負面影響。然而，也不要因為事情迫在眉睫就獨斷獨行，而要優先考慮「如何才能圓滿解決問題」。

這套「能讓雙方達成共識的談判技巧」，從夫妻問題到國際紛爭都能運用。主要的步驟是：

一、先提出你的想法，比如：「那麼，你覺得這個方法如何？」

二、請對方針對你的提案表達想法，然後提出替代方案。

三、聽完對方的說法，表達自己的意見後，再提出另一個替代方案：「那麼，如果換成這個方法呢？」

在雙方持續表達各自意見的過程中，想法會越來越接近，最後找到能達成共識的方案。如果對方不願妥協，你還是可以繼續提出其他的選項：「那麼，這個辦法如何呢？」

例如，有兩個人都很想從事同一項工作任務。

「如果我們輪流執行，你覺得如何？」→「但我還是想用我做的資料……」

「那麼，就由你來主導，我從旁協助。」→「這樣的話ＯＫ。」

在談判的過程中，逐漸了解對方「對哪些條件能讓步」以及「可以退讓到什麼程度」。從意見分歧到達成共識的過程中，採取「彼此都能讓步的妥協方案」，或是「對雙方都有利的解決之道」。

談判不能只考慮自己的利益。即使彼此都會有所損失，但應該也會各自獲得些好處。

若能表現出「我也有為你著想」的態度，就可以緩和對方單方面獨斷專行的強勢。適時展現寬宏大度，以「我願意稍微吃點虧」的心態，能使僵持不下的局面圓滿落幕，而這份退讓在日後或許也會獲得回報。

【在意別人看法的你，活得很累吧？】

67 和人溝通的重點是：「別把自己想得太重要」

在工作中，最令人煩惱的溝通問題是「無法好好表達自己的想法」。導致這種情況的理由有很多種，像是「不擅長與主管或同事互動」、「溝通能力不佳」、「無法釐清自身的想法」等。

這些問題乍看似乎都是太在乎對方的感受，但實際上當事人最在意的是「別人如何看待『自己』」。

那麼，不如換個角度，把溝通的重點放在「希望能讓對方了解我」。

例如，在開會發表意見時，你可能只要一想到「別人會不會覺得我很怪？」就緊張到說不出話來。

但如果專注在「如何讓對方更了解我說的話」，就會忘記緊張，全神貫注於該如何整理清楚的內容架構，以及慎選說話用詞等。

在表達與人不同的想法時也是如此。如果只是焦慮地想著：「我得想辦法證明自己是對的！」在心急之下，可能腦筋一團亂，連話都說不清楚。但如果誠心誠意想讓對方了解自己，就會像有股推力驅使著自己，這時說出來的話語也會更有說服力。

所以，和別人有效溝通的關鍵，就是「別把自己想得太重要」。不要站在「別人會如何看我」的角度，而改採「希望別人能了解我」的觀點，光是這樣的轉念，就能迅速解決無法好好表達的煩惱。

另外，鎖定你想要表達的訊息，只要集中討論那件事，焦點明確，不要岔題，就會引導出對方詢問「為什麼？」「那我們該怎麼做？」然後繼續進一步的對話。

如果要說的內容令你覺得為難，難以啟齒，可以運用一些具有緩衝效果的語詞，類似：「有些話很難說出口」、「這麼說你可能會不太高興」，讓對方可以先做好心理準備，聆聽你接下來要說的話。

那些「想說卻說不出口的話」通常都是重要，而且是必須說的事情。因為擔心別人的感受，而不好意思表達內心真實想法的人，雖然不會被討厭，但也難與人建立可以相互信任的關係。

為了你自己，也為了對方，即使是微不足道的意見，也要嘗試一點一點地逐漸說出口。

【化繁為簡，一聽就懂的重點表達力】

68 先說重點，再說觀點的精準說話術

你曾被問過：「呃，所以，你到底想說什麼？」嗎？

多數女性都很擅長為了跟人套交情而聊天，但釐清思緒、以有邏輯的方式表達卻不是他們的強項，因此往往一不小心在交談中就東拉西扯離題了。

為了避免對方搞不清楚你到底想表達什麼，關鍵就在於談話要簡短、易懂，並不是說得越多越好。簡單扼要地表達重點，對方才會更容易理解你的想法，進而回應你的感受。

此外，表達時不是僅關注「自己想說的事」，而要分享「對方想知道的事」。

而站在對方的立場著想，要做到這點並不難。

比方說，你在當天的聚會時會遲到，於是你對相約的同伴說：「因為臨時有緊急的工作需要處理，無論如何都得在今天完成，但我又找不到人可以幫忙……」拉拉雜雜說了一堆，對方也會聽得不耐煩：「所以，你到底是想怎樣？」朋友想知道的是：「你要參加嗎？」「會來的話大概會遲到多久？」因此，你只要說：「我大約會晚到一小時，因為臨時有工作要處理，晚點就會趕去。」這樣簡要說明即可，其他與遲到無關的訊息，可以等碰面時再解釋。

此外，當你思緒紊亂，還無法釐清想表達的重點時，當然會無法精準傳達讓他人理解。

例如，在討論企畫案時，如果你說：「我一開始是覺得A方案很好，但因為執行得花太多時間，所以我選B方案，不過這個方案也有成本的問題，所以……」像這樣，如果從你的心路歷程角度，以時間順序一路陳述，就很難得出結論。

「先講結論。我決定採取B方案。因為～～」要像這樣，依照「結論（或是對方最想知道的事情）↓原因↓補充說明」的順序陳述，就能讓你說起話來更條理分明。

只要遵循「簡單易懂」以及「先說結論」這兩大原則，就能邏輯清楚、化繁為簡地精準表達。

【如何察覺對方的心情】

69 理解情緒，才是真傾聽

雖然有很多人自認不擅長溝通，但也有一些人精於此道，甚至「與再討厭的人也能聊不停」、「在與人交談時既能展現自我，也能應對得當」。這些人並非天資聰穎，而是從工作與生活的經驗中培養能察覺對方心情的能力，進而建立能讓人感覺愉快的對話與人際關係。尤其擔任業務或從事服務業的人，更善於培養這種能力。

但即使職業是行政文書的靜態工作，如果能把同事、朋友、家人及意見不同的人都視為自己的「客戶」，培養「察覺他人感受的能力」，與人互動的方式也會有所改變。所以，不妨就把生活中與自己相處的人視為「重要的客戶」來好好對待吧！

在如何察覺對方的感受上，請隨時提醒自己下列兩點：

一、**站在對方的立場考量**。

無論想建立良好的關係，或表達自身意見，都要先從了解對方做起。

例如，當你對人訴苦，說工作令你筋疲力竭時，有人會同情你的辛苦，但也有人會事不關己地認為「我沒做過那麼『了不起』的工作，所以無法理解那是什麼感覺」，缺乏同理心。

懂得換位思考的人，會讓對方感覺自己的想法有被考慮和重視。

二、**把注意力放在對方表現的「情感」上**。

除了語言之外，包括說話時的語調、表情、眼神、姿勢、行為等非語言訊息，都是溝通時的重要資訊。

　　如果在談話時我們能將重點放在「情感」上，包括感受、態度和情緒等，即使對方言不由衷，我們也能讀懂他們真正的心情，比如其實非常生氣、感到無聊，或似乎有點興趣……等。在洞悉對方的本意後，就能精準應對，靈活變通，像是該積極予以安慰，還是暫且讓對方靜一靜。

【當你氣到說不出話】

70 如何面對一時語塞的悶狀態？

我有位三十幾歲的朋友，被一名年紀比他小的女性前輩嘲諷道：「你真的不適合做這份工作！」當下，他竟然不知該說什麼，一時為之語塞。事後他才想到一些回應方式，像是：「但我很努力工作呀！」「你憑什麼這樣說我！」結果越想越不甘心，氣到都哭了。

像這樣，面對猝不及防的言語暴力，不論是批判、挖苦或冷嘲熱諷等攻擊性話語，當下確實會愣住，啞口無言，等到我們反應過來時，往往為時已晚。

因此，在這裡我想分享當你被氣到內傷，說不出話時的因應之道。

一、**不知該如何回應時，就什麼都不要說**。

你一言我一語的惡言相向，「以其人之道還治其人之身」會讓心情比較好嗎？並不會，這樣做只會讓人際關係惡化，並讓人在事後對於自己這樣幼稚的舉動後悔不已。

只要想著：「對方的惡意是他的問題，我沒必要回應」，像這樣直接無視即可。

二、**對於突如其來的惡言，嚴正表達自身的感受**。

當然，面對傷人的話語，也可能會瞬間被氣到炸毛，憤憤不平地覺得「但我不想乖乖被罵卻不回嘴」、「被人瞧不起時保持沉默，只會讓對方氣焰更囂張」。這時你可以直截了當跟對方說：「講話不必這麼難聽吧！」你這樣說並不是要譴責對方，而是針對他的那句「難聽話」進行反駁。事後你可以再找機會打圓場，告訴對方：「希望我們之後還是能和平相處」、「我仍希望能跟你保持友好關係」，讓對方認為你「並非敵人」，之後對你的攻擊力道應該就會減弱。

三、當下不知該如何回話時，等心情平復後再說明。

一時詞窮，無法馬上回擊時，可以先說：「我現在頭腦一團亂，之後再說。」等心情平靜下來，再向對方表達自己的感受，像是：「你可能認為我～～但其實我～～」「我必須告訴你～～」這樣做也可以給彼此一些時間，等對方冷靜下來，說不定也會覺得自己太過分了。

我的朋友中，也有人聽到傷人的毒舌話語時，即使再生氣，也還是會先禮貌性地面帶微笑，或暫時保持沉默。每個人有不同的因應之道，但最重要的是，別讓自己一直陷在不愉快的情緒中。

【「因為大家都這麼做」】

71 遠離假合群，勇敢做自己

遇到意見不合的人並不可怕，可怕的是為了避免爭論，而試圖打造意見一致的「同溫層」環境。

例如，「大家都不敢反對那個人，只能保持沉默」、「明明已經是下班時間，卻因為其他同事都還沒離開，所以我也不敢先走」、「如果是大多數人的意見，就算反對也沒用」等。這個社會到處充斥著「少數必須服從多數」的情況，無論是多不合理的狀況，但因為「大家都覺得應該這樣」，因此也沒人敢挺身而出提出異議。

這樣的同儕壓力令人被一股隱形壓力控制，非但不敢表達自身的想法或情緒，在順應周遭氛圍的同時，更會越來越搞不清楚自己真正的想法與情緒。

當置身於無法表達意見的環境時，有下列兩種因應方式。

一、**增加溝通機會，營造能表達意見的氣氛**。

你可以試著逐漸破除由個人控制的同調氛圍，改變不成文的規定或潛規則，提出自己的意見。

例如，辦公室裡的大姐頭說：「這項工作該由女性負責完成」、「午餐必須大家一起吃」像這種約定俗成的命令，就存在令人無法反抗的氛圍。若要突然否定過去的做法，也會引發對方反彈吧。

因此，首先要增加溝通的機會，在交流中提出意見，並從一些小事情開始進行改善。即使這樣做會被阻止，但因為原本就抱著「明知其不可為而為之」的心態，在嘗試多次之後，說不定終會有一次成功的機會。即使結果不如預期，也能讓其他人明白要勇於說出意見。這點很重要。

二、假裝無視，先做了再說。

即使辦公室籠罩在「誰敢準時下班試試看！」的氣氛下，你也可以刻意無視，試著做第一個說出「我要先下班囉！」的人，或嘗試一些開先例的事，像是請長假、省略不必要的作業流程等。或許在你「開第一槍」之後，就能另闢蹊徑，讓事情不再那麼制式而僵化。

刻意裝作不懂得察言觀色，自己想怎麼做就怎麼做，問題會比想像中容易解決。

此外，找到能產生共鳴的夥伴，也是一種方法。一定會有人跟你有同樣的想法。當女性團結在一起，就能產生巨大的力量，所以千萬別輕易放棄。

【「非得要我說出口你才知道嗎？」】

72 改善關係從「說話」開始，你不說就沒人懂

有時即使我們是出於好意，做了自認為正確的事，也可能被誤認為是「多管閒事」；如果我們表現得直率，則可能被指責為「沒考慮到其他人、自私自利」；又或是在意見與人不同想進行討論時，被誤解為「否定他人的價值觀」。這些誤會都很常見。雖然我們根本沒有惡意，卻可能在無意間讓人覺得不愉快。

所謂的「誤會」，就是對方以消極而負面的方式來理解我們的行為或言論，形成「錯誤的看法」。要解決這個問題，唯一的方法就是增加溝通的頻率。

「就算不說，他也應該知道吧！」這就是誤會的根源。人際關係不順遂的原

因，多半都是「沒有進行交流」。因為缺乏溝通，彼此就產生不必要的摩擦。

當我們感到被否定、被看不起、被忽視……時，很多時候其實是我們錯誤解讀對方的想法。只要把話說開，坦誠交流，就會驚訝地發現：「什麼嘛，原來跟我想的完全不一樣啊！」

那麼，該如何溝通才不會遭到誤解呢？可以試試下列四種方法。

一、**確認對方的感受**。

在談話時，可以詢問對方：「這樣可以嗎？」「你覺得如何？」確認一下對方的感受。當彼此想法不同時，也不忘問道：「那這樣可以嗎？」

這麼一來，對方會感受到你的體貼與善意，也能導正一些小誤會。

二、**留意自己的表情及言語**。
有些人即使說話直率，面無表情，但其實是心地善良的好人。容易被誤解的人，通常少有笑容。只要常提醒自己要面帶微笑，說話謙虛有禮，就能給別人截然不同的印象。

三、**避免使用「可是」、「但是」、「不過」……等否定詞彙**。
經常用「可是」來接話的人，很容易讓對方誤解為「你覺得我說錯了嗎？」想要表達不同意見時，可以說：「你這樣說也有道理，不過我認為～～你覺得如何呢？」這樣說，既肯定對方，同時也表達了自己的意見。

四、**明確表示「謝謝」和「對不起」**。
禮貌是人際關係的潤滑劑。接受別人的幫忙時說「謝謝你」，不小心做錯事時真心道歉說「對不起」。

在適當的時刻表達這兩句話，再加上一個微笑與溫暖的眼神，就能大大減少與人產生誤會的機率。

【遇到「選邊站」的棘手狀況】

73 不想選派系，又怕被孤立——左右爲難時的因應之道

長期處於左右為難的狀態下，會令人心力交瘁。無論是主管與部屬之間、公司與客戶之間、不同媽媽友派系之間，還有工作與家庭之間……以上都是常見在夾縫中的處境。

在這些情況中，人們可能會被要求選邊站，如果保持中立，又可能會被惡言相向，或遭受質問。

以下介紹應對為難狀態時的四種方法。

一、與其考慮該選哪邊站，不如先明確表達自己的意見。

不要先思考該如何巧妙整合或合宜應對各方不同的意見，而是在平時就要清楚表明自身的立場。

比方說，同事之間意見不同，夾在他們中間讓你左右為難。這時的重點不在維持和諧的人際關係，而是要把工作做好。所以你可以假裝不知道同事間對立的狀態，直接表明自己認為正確的做法即可。

如果因為擔心被指責而含糊其詞，表示大家要怎麼做自己都沒意見，反而會成為得努力在夾縫中求生存的「三明治人」：不想選邊站，會被嫌「沒義氣」；兩面討好，又怕「裡外不是人」。

讓別人認為你是個會把自己意見說清楚講明白的人，即使會讓人覺得有點任性，但你在心境上會輕鬆許多。

二、**接受「有些問題可能是我們無法掌控」的事實**。

左右為難的嚴重狀態很容易每況愈下，但絕不要認為這是自己的錯。在這種情況下，會產生摩擦也在所難免。

例如在職場中，你表現的態度就很重要，即使實際上問題並未真正解決，但只要你能專注聆聽兩造不同的意見，並展現願意共度難關的積極態度，就有辦法克服進退維谷的窘境。

三、**無須面面俱到，但要確定事情的「優先順序」**。

如果卡在公司與客戶的兩難境地，除了要理解客戶的想法，同時也要以公司的利益為優先考量。要是身處工作與家庭間的拉扯，就要根據情況設定「工作忙時以工作優先」、「家人生病時以家庭優先」這樣的先後順序，以避免不必要的困擾。

四、即使無法決定先後順序，也可以不選邊站。

比如夾在媽媽友派系之間時，只單純表達自己的觀點，並與各派系保持一定的距離，也是一種方法。

想要討好所有人是不可能的任務。但也有人會覺得：「因為有那個人在中間做緩衝，所以團體的人際關係變得更和諧融洽了。」那麼，就讓我們成為群體中的潤滑劑，既具有能緩解緊張和衝突的柔韌力，也能為別人提供支持與鼓勵，以此準則作為努力前行的目標吧！

【該怎樣開口，才能讓人願意幫你？】

74 擁有「好好拜託」的本事

不擅長向人求助的人，多半都太過小心翼翼。他們會想：「那個人看起來很忙」、「我不想給人添麻煩」、「萬一被拒絕會很尷尬」，內心充滿小劇場。然而，在工作或生活中，一定都會遇到需要提出要求、請求協助的時候。

這裡介紹讓不善於開口求援的女性可以輕鬆提出請求，而對方也會欣然答應的好方法。許多善於請託別人的女性，都會使用下列這些求助技巧。

一、說明為何要請「你」幫忙。

「拜託幫我啦！」這種耍賴式的請託，或是「看你們誰有空，來幫我一下吧」的強迫性要求，都會讓人不願積極伸出援手。

但如果能展現對於對方的認可及肯定，解釋你為何需要對方助你一臂之力，例如：「你製作簡報比我厲害太多了」、「我很需要借助你這方面的專業」，聽了這種話，相信任何人都會樂意幫忙。

請託時展現出「因為只有你才能做到」、「因為我欣賞你的能力」的殷切期待，能讓對方感受到他的獨特，思考自己是否有幫上忙的機會，即使對方再忙碌到分身乏術，也會被你的誠意感動，願意抽出時間設法相助。

二、**為對方留退路，有台階可下**。

話說回來，拜託別人時也別認為對方理所當然就該答應。

在詢問是否能提供協助時，要給予對方考慮的空間：「如果這些事全都請你幫忙會有困難的話，請告訴我」、「如果你覺得時間太緊迫，麻煩你只做其中一部分也可以」，像這種非二分法的請託方式，留給對方可自行判斷的餘地，這樣對方不會有「被強迫」的感覺，而是能夠「自己做出選擇」。

三、**清楚傳達請託的「原因」與「內容」**。

雖然這一點似乎是理所當然，但在此仍要提醒大家，拜託別人時要明確解釋「為什麼要這麼做」的理由和具體內容。事先講清楚說明白，才不會在執行時缺乏效率，或之後因方向錯誤得重新修改、白做工。

四、**在對方答應請託後，表達感謝很重要**。

在對方答應幫忙後，就拍拍屁股消失了，這種只知吃乾抹淨、無視世故人情的無禮做法，會讓人心裡不舒服，覺得自己毫不被尊重地利用，進而萌生「下次再也不幫這個人了！」的想法。

因此，至少要在「對方答應的當下」、「任務完成時」、「完成的隔天」這三個時間點表達感謝。有時，在事情進行的過程中也可以致謝。

此外，還可以告知後續狀況，或是分享成果，這樣會讓你在對方心中留下良好的印象，或是下次在你需要時還能再度獲得幫助。

在這個世界上，沒有誰能獨善其身，每個人都需要其他人的支持或幫助。讓我們透過對彼此相互扶持，一起變得更好吧！

75 說「NO」還是能有好人緣

如果能夠得體拒絕別人的請託或邀約，人際關係就會輕鬆許多。但不少人有「拒絕困難症」，面對他人的請求、拜託，總是難以推拒，想來想去最輕鬆的方式就是答應下來。但如果因為「不好意思」、「過意不去」而無法拒絕他人，總有一天會把自己累垮。

拒絕不是果斷地說「NO」，而是誠意滿滿，以充分的理由，並利用說服的技巧予以婉拒。基本原則是：「表達遺憾的心情」＋「簡單說明無法做到的理由」＋「提供替代方案或以正向的言詞表達」，展現「雖然我無法幫你，但我很重視你」

的關心。以下就一一說明方法。

一、**表達遺憾的心情**。

雖說要明確拒絕，但如果劈頭就告訴對方：「我辦不到！」「不行！」「不可能！」這樣未免也太失禮了，任誰聽到心情都會不好吧。

因此要先表達惋惜之意，以「好可惜～～」「真是抱歉」等作為婉拒的開場白，也讓對方有將被拒絕的心理準備。

二、**簡單說明自己拒絕的原因**。

不說明原因會讓對方產生「為何你不願幫忙」的疑慮，但如果說明得太詳細，感覺也太刻意了，可能會讓對方認為：「你說了一大堆，不過就是為了要拒絕罷了。」

比如，對於午餐或聚會等邀約，只要簡單地說：「好可惜，我已經有約了。」以既定行程、工作、念書、家人、健康等因素，這些一般人都能接受的理由予以推辭即可。

如果真的不想赴約，也不能每次都重複使用相同的藉口，可以找個像是「我最近都有事，所以會比較忙」之類長期的理由。

三、**提供替代方案，或予以鼓勵、祝福。**

一般人通常很難拒絕工作上的請託，此時可以向對方提出替代方案，找出YES或NO之外的選項，像是：「我這禮拜不行，但下星期OK。」或是提出附加條件：「如果只要一小時的話就沒問題。」這種不是斷然拒絕的折衷方式，最後再加上一句：「之後有問題再告訴我」。

若要婉拒邀約，可在表示無法同行後說「祝你們玩得開心！」這類祝福的話語，能避免讓對方不悅或造成不便。

但若是不合理的要求、強人所難的請託，就不用過於客氣。表現出略微為難的表情，並用真誠但明確的態度拒絕。

如果想讓生活過得更簡單輕鬆，並把更多時間留給自己，就不能總是當濫好人，一定要學會有禮貌地拒絕別人。畢竟無論是自己或對方，都要接受彼此有拒絕與被拒絕的自由。

【醜話也能漂亮說】

76 逆耳的話，也有順耳的說法

所謂「忠言逆耳」，誠懇正直的規勸往往不太動聽，甚至會令人感到不舒服，因而不易被人接受，尤其在女性之間更難說出口。相信有不少人會不想因為出於好意給予忠告卻被對方討厭，因而選擇保持沉默。

不過，當對方做人或做事的方式有問題時，還是需要有人出面提醒。如果不說出來，可能會讓周遭的人感到困擾，對方也會不斷重複犯下相同的錯誤。「不說出口的善良」會妨礙一個人成長，因此，應該選擇「說實話但不傷人」。或許因為這樣，對方反而會覺得「感謝有人提點」，或是那句話讓他成長不少。

雖是善意的忠告，但若是好言在對方聽來變成惡語，就失去規勸的目的了。如何把醜話轉換成漂亮的說法，下面有幾種方式。

一、批評之餘，也不忘讚美。

提出忠告時，要注意用字遣詞，但更重要的是「說話內容的順序」。在說出批評的意見後，記得要再利用讚美、期待與感謝的言詞，提升對方低落的情緒。

例如，一開始先直接告訴對方：「你在做事情前應該先仔細考慮優先順序。」接著說：「像上次那個案子你就處理得很好，我相信你應該沒問題。」接著鼓勵對方：「謝謝你每次都把企畫書寫得很詳細。不過，時間分配也很重要，如果能控制好時間就更完美囉！」

像這樣，透過先批評、再讚美，最後以正面的言辭做總結的「三明治說話術」，把「給對方的建議」夾在兩段「順耳的話」之間，對方會較容易接受，產生自我期許要更努力的決心。

二、**有時候也加入「自我坦承」**。

當女性提出批評後，有時對方會惱羞成怒反擊說：「你自己不也是這樣！」「你是在跩什麼！」

在這種情況下，若你能坦承：「我在不習慣該怎麼做的時候，的確也會犯這種錯」、「我也曾經因為沒注意而疏忽了，所以不希望你重蹈覆轍。」相信就會降低對方的戒心，願意接受你的指正，並表示下次會更小心。

三、**批評之後，給予肯定和鼓勵**。

在提出批判和建議後，若看到對方有所進步，也要予以肯定與鼓勵，「哦，你進步很多呢！」「你最近工作能力變強，幫了我很大的忙。」讓對方感受到你是為了他能更進步才提出指正。

第6章

不隨別人的情緒起舞

【這不是競爭，不需要爭排名】

77 在女性階級制度中生存的訣竅

至今仍有很多人認為，身為女人，其家庭型態的「優劣」排序應該是：結婚生子→DINKs（頂客族）→單身。即使單身女性再怎麼強調自己一個人生活自在又快樂，但在同學會或是親友聚會等場合，還是不免被「人生以結婚為正常」的世俗眼光所綁架。

此外，在結婚生子後，有按照生了幾個小孩、孩子就讀哪所學校、住在哪個地段等排序的「媽媽階級制度」。還有住在高樓層代表上流階層的「大樓階級」，以及根據收入、公司、工作型態決定的「職業階級」等。因此，女性之間的攀比行為，就如上述一樣，經常是藉由居住地段、住家環境、畢業的學校、服裝和包包等，來展現自身的優越感，或為對方打分數。

我有位當了母親的朋友就憤憤不平地說：「在我孩子參加的社團中，有位媽媽因為自己的三個女兒都加入了那個社團，因此她自認為對許多事有話語權，可以為所欲為。」

也有單身女性表示：「我原本希望人生能有所成長和進步，並提升自己的社交地位和人際關係，因此加入高端時尚的單身社團，結果光是午餐的水準等級就和那些人有天壤之別。裡頭的人又不停地爭相炫富，讓我好自卑。」

對於男性，或是對這種愛誇耀行徑敬而遠之的女性來說，可能會覺得這種行徑相當膚淺。但身在其中的人，或許也有難言之隱：被視為「底層」的人，會遭到排擠或輕視；即使身為「上流人士」，也會遭人嫉妒。此外，位於「底層」階級還會被大家視為共同的「敵人」，在私底下成為被攻擊的目標。

不過基本上，女性仍較看重小而親密的群體關係。上述的社會階級制度可能是源於某些人原本就自卑感作祟，再加上好勝心強，希望能透過某種排名來填補內心的空虛。有這樣的始作俑者，再加上其他附和的人，在物以類聚的情況下，就形成了階級制度。

相較之下，男性之間的競爭就單純多了，他們追求的是權力與成就，同時也能很快就藉此確定彼此地位的高下，找到相處之道。

總之，只要能認知社會階級制度只是對人的一種評價與分類方式，人們存在社會中的價值和意義遠超過這些評價，每個人都可以選擇自己的生活方式，而不必過於擔心被歸於某種類型，或想與他人一決勝負。

78 用「成長模式」，而非「階級模式」對待自己

前面提到女性階級是女性在部分群體中，透過暗中較勁，試圖分出勝負優劣的產物，但大多數女性其實都不希望有等級之分。

接下來要分享如何盡量不被捲入階級紛爭中的訣竅，具體方式如下。

一、**無視「階級」的存在**。

排序、派系、搞小團體，這些勾心鬥角的情況，越在意就越容易深陷其中，感到困擾。

成人世界裡，當一個情緒穩定的人，是很重要的事。面對階級意識，不如以平常心看待，並保持「我就是我，停止拿自己和別人比較」的心態。無論面對什麼樣的人，都以平等的態度互動，相信對方就會了解你不受階級制度綁架的心態，也不會以此為標準來評定你這個人。

二、**不要顯擺炫耀**。

不要顯現出「我是你的競爭對手」的挑釁姿態。在社會階級中展現優越感，往往會招致嫉妒。

三、**不要和愛較勁的暗黑女性認真**。

喜歡評判別人、幫人排名次的女性，其實他們的內心經常感到不安與自卑。如果受到對方暗黑性格的影響，就會深陷彼此較勁、不停抱怨、惡言相向的困境中。

對於那些愛比較的女性，只要理解「他們是因為不安，所以才想用拚輸贏的方式與人一決勝負。但那是他的問題，不是我的問題。」

不要因為對方挑釁而暴怒，也不用深入交談，一旦對方口出惡言就改變話題，並盡可能與其保持一定的距離。

四、明白什麼東西對自己最重要。

階級制度只是整個社會中的一部分，不該成為人們生活的重心或唯一的焦點。即使自己在階級中「排名」低落，但只要明白自己真正重視的東西，就不會覺得受傷。

例如，「雖然沒有錢，但我跟家人感情很好，我的心靈是很富足的」、「雖然沒有男朋友，但我有一份自己的工作」、「能做自己喜歡的事，像是旅行、登山，這樣我就覺得很幸福了」等，每個人應該都會有自己珍惜的事物。

幸福不是靠別人給的，而是掌握在自己手中，只要你懂得把握，用心選擇。千萬別隨著愛比較的女性起舞。

【不被敵意波及的方法】

79 被惡意攻擊時，換個角度想，心就寬了

如果對方對你表現出敵意，那麼很可能你也會對他不友善。

同樣地，當對方展現善意時，我們則會親和以待。有句話說：「人際關係就像一面鏡子，讓我們看到別人，同時也照出自己。」一點都沒錯。

不過，如果因為對方討人厭的言行舉止就心懷敵意，那麼是誰創造自身的敵意呢？沒錯，當然就是你自己。

千萬不要因為受對方的影響而污染了自己的心靈。面對這種不令人喜歡的禮物，拒絕接受就好。

為了不受女性的敵意波及，我們可以使用「後設認知」的概念。

「後設認知」是心理學的用語，意思是客觀觀察與控制自身的情緒及思維。打個比方，就如同有另一個你，從高處俯瞰著一切和自己。以下有三種方式可以幫你做到。

一、**自我抽離，適時踩下情緒煞車**。

當對方表現敵意時，有人會予以反擊，有人則會害怕退縮，但無論哪種反應，都會讓對方加劇攻擊力道。

然而，除非涉及暴力行為或惡言惡語，否則最好的做法就是置之不理，並在這種情況下，冷靜分析自己內心的狀態：「現在我非常生氣」、「我最討厭他那樣做」，然後再告訴自己：「討厭對方沒有任何好處。」

此外，當你身處壓力之中時，更容易被對方的挑釁所激怒。在歸納讓自己惱火的諸多原因後，做出判斷，比如：「家裡的事讓我很心煩，或許這才是讓我心情焦躁的主要原因」等，對自己進行自我關懷。

二、**從第三者的角度審視對方，並主動表達關懷**。

面對敵意語言，我們很難避免情緒化，這時請換個角度，以第三者的視角看待對方。這麼一來，你或許會意識到：「其實他也很沒安全感吧」、「相信他一定有苦衷，才會表現出那種態度」，進而察覺對方其實是個「值得同情的人」。待心平氣和後，別忘了主動關心對方：「你累不累？」「出差很辛苦吧？」這麼做同時也能緩解他人的情緒暴力，進而自我保護。

三、**審視當下時，要把重點放在「正向的部分」**。

當我們對人感到不滿，比如，「為什麼那個人老愛對我冷嘲熱諷？」時，就會把全副精神放在這類負面問題上，拚命鑽牛角尖。

這時應該轉移焦點，比方說，「其實也有很多人理解我」、「我很幸運，同事和工作環境都很不錯」。

就像植物需要澆水，別忘了你也要持續滋潤自己的心靈。

80 「智慧」與「溫柔」，是聰明化解衝突的方法

我看了一部大河劇，內容是女城主在險惡的戰國時代，靠著不戰而勝的方式存活下來，看完後心情十分愉快。我想，他的人生態度就是女性以柔克剛的理想典範吧！

劇中，女城主為了讓居民過和平的生活，於是想方設法，避免發生戰爭，即便認輸、逃避、欺騙、讓利，也都在所不惜。對他來說，輸贏並不重要，重點在於「要讓事情朝自己期望的目標發展」。結果，原本的敵人成了助她一臂之力的盟友，甚至被他玩弄於股掌之間。

想要避免衝突，重要的並非依靠力量強弱或情勢優劣，而是以智慧和良善來處理問題。

一、以「智慧」為武器，巧妙化解衝突。

在第1章曾經提到，衝突通常源於認為「自己是對的，而對方根本是錯的」。化解歧見的重點，應該朝著自己想要的目標前進，而非陷在僵局裡停滯不前。

想要解決對立，在不同的情況下，有不同的應對方式。有時候我們可以不在意，有時候可以表達自己的意見，有時候可以選擇讓步，有時候則可以讓時間解決難題，像這樣，靈活選擇不同的因應方式。

然而，若是被對方鄙視或被提出不合理的要求時，也需要適時展現怒氣。表達情緒對女性而言是很有力的武器，說出自己為何生氣，好好解釋憤怒，才有機會溝通。

二、**以「溫柔」為武器，不求一己獨勝。**

當遭到對方惡言攻擊或任何令你不悅的行為，若你也心懷敵意反擊，就中了對方的圈套。其實，能保護自己的最有效武器就是「溫柔」，這是一種以柔克剛的力量。

平時就設身處地站在對方的立場著想，考慮對方的感受，親切以對，隨時表達關懷或謝意，對對方的錯誤寬容以待。如果能這麼做，總有一天對方也會以相同的態度對待你。

就像溫暖的太陽會融化寒冰，溫柔也能化解敵意，使其消散。即使無法使冰塊融化，我們仍可以選擇其他的方式應對。

相較於蠻力，以「智慧」與「溫柔」作為人生哲學，會活得更灑脫、更溫暖，也更有魅力。你也想成為這樣的女性嗎？

【大姐頭的出現是必要之惡？】

81 看到霸氣御姐的另一面

在女性眾多的場合，無論是在學生時代，或長大後在辦公室或媽媽社群裡，似乎總會有「大姐頭」出現。過去我在公司也曾被這種大姐大霸凌，明明我沒招惹他們，卻遭到忽視、排擠、在工作上不給予指導，還無端中傷我，不知為何總是被他們敵視。

在與「女霸王」單獨相處時，他們其實出乎意料，多半都是好人，他們會說：「就是因為都沒有人肯主動幫忙，所以只好由我來指導那些菜鳥。」「要是沒有我出面，事情就會一團亂啊！」他們都有必須強出頭的理由。在女性團體中，出現握有權力的大姐頭是理所當然的，也可說是「必要之惡」。

根據我的經驗，我認為之所以會出現大姐頭，是因為下列兩項條件交互作用之故。

那就是「大姐頭有個性上的問題」和「封閉的環境」。

考慮到這兩個會形成大姐大的條件，我們也能看到因應之道。

首先，會在女性群體中居於領導地位的人，通常並非一般人認為聰明、長得漂亮的那種模範生類型，而是充滿自卑感、覺得孤單的人。他們非常擔心無法獲得別人的認同，因此可以把他們對人的攻擊視為「多關心我吧！」的提醒，並適時給予稱讚或表達感謝，這樣做能讓他們覺得安心。另外，你也可以利用增強對方自尊心的技巧，像是對他說：「我只相信你，因為你最可靠！」

在與大姐大打交道時，要與對方保持一定的距離，以保持自己的獨立自主。但不時明確表達自己的意見也很重要，因為這類人的個性率直，會特別喜歡認同與支持他們的人，只是這不意味要對他們一味奉承諂媚，而是要以積極的態度與對方合作，建立良好的關係，進而減少被敵視或霸凌。

82 不被激怒的人際生存術

女性之間人際關係的問題，多半是因為「和對方處於相同狀態下競爭」所引起。他們會炫耀：「哦？你要去夏威夷旅遊喔？我不知道已經去過幾次，都去到膩了。」又或是看到別人受到稱讚就心有不甘，見不得人好。

我有個朋友對於這類敵視別人的女性，會毫不客氣地回擊：「哇！你真是傲慢！」或「你幹嘛那麼跩啊？」還會對對方的無禮嗤之以鼻。她堅定而自信的態度令人佩服。如果能像她一樣勇敢回嗆對方，這樣做固然很痛快，但幾乎所有女性在面對他人的敵意時，都是敢怒不敢言、不知所措，甚至感到畏懼。

有敵意的人很容易生氣，原因不一定是你造成的，可能只是你恰巧變成他們遷怒的對象。

當你被視為競爭對手時，有三種因應之道。

一、**避免與對方正面交鋒。↓動不動就想和人比較，是因為缺乏安全感**。競爭對手的敵意代表他們的自卑與不安，擔憂別人比自己好，因為處於優勢，才能凸顯自身的好。

對於「把安全感建立在別人不如自己上」的這種人，你可以採取低姿態，選擇自己不會被敵視的地方讚美對方，例如，對於平常在工作上你視為敵手的人，可以稱讚對方的美感：「你服裝穿搭的品味真好！」若對方常藉由誇耀另一半來展現優越感，你可以肯定對方工作上的成就，這樣對方的批評力道會收斂些。

二、**將注意力放在自己身上。↓善用他人的嫉妒，化為提升自我的動力。**

將對方的敵視、諷刺與嫉妒視為「讚美」。對方之所以感到威脅，是因為你太優秀了。

把這股妒意化為繩索，讓自己順著繩子向上攀爬，成為激勵你前行的動力，以積極進取的態度努力生活。

三、**關注在重要的事物上。↓在生活與人生中，只專注「必要的事物」。**

人生還有更遠大的夢想需要實現。將眼光放遠，把注意力拉回生活中，沒必要把時間和精力浪費在那些敵視你的人身上。

【避免與他人的煩躁共振同頻】

83 不受他人情緒左右的練習

在辦公室裡，如果有易怒的主管或容易煩躁的同事，確實會令人很痛苦。即使你想積極努力、保持愉快地工作，也會受到對方負面情緒的影響，跟著焦慮起來。

如何避免受到別人暴躁、易怒的情緒波及，有以下兩種方法。

一、**改變想法：打開正向思考的天線，不受煩躁電波干擾**。

過去我也曾被一個脾氣暴躁、容易發飆的主管搞得心煩意亂，但當時有位女性同事卻總是能表現得毫不在乎，他告訴我：「你就當作是暴風雨來了，總會雨過天晴的。」

的確，沒有永不停歇的暴風雨。這位同事是個個性開朗、笑口常開的人，他會開心地發現生活中的小確幸：「今天繡球花開了耶！」「我學會一道美味的燉煮料理喔！」因為他隨時打開正向思考的天線，關注美好的事物，就不會感受到他人煩躁的情緒。我們之所以會受到影響，就是因為和對方頻率相同。

如果你周遭有這類的「易怒魔人」，請想像自己正撐著一把透明傘，這把傘可以抵擋外界的情緒風暴，保護自己不被拖入萬丈深淵。

二、改變反應：對處於情緒困境的人送上安慰的話語。

面對有「焦慮體質」的人，如果總是採取不耐煩、無視或敵對的態度，就會永遠陷入相同模式的情緒反應，無法根據不同情況靈活調整。

要改變這套反應模式，請將對方設定為「非常無助、值得同情的人」。其實，總是處於煩躁狀態的人也很辛苦，他們的內心必然受到了創傷。這類人需要的是關心和問候，以及能讓他們感到安心的話語。

當情緒風暴過去，對方冷靜下來後，你可以對對方說：「你接待客戶一整天了，一定很辛苦吧！」「我會全力支持你的，請不用擔心」、「今天晚上就先好好睡一覺吧！」這麼一來，相信對方心情一定能平靜許多，甚至還可能會向你道歉：「我今天情緒不太好，對你亂發脾氣，真是對不起。」

【你不是玻璃心，而是覺得累了】

84 壓力也需要洩洪，請好好照顧自己

女性經常得身兼多種角色，每天在工作、生活與家庭間不停打轉，忙得像陀螺一樣。待一回過神，才赫然發現「整天都沒時間做自己的事」。在這種情況下，很容易就會因為一點小事而感到煩躁或易怒。

男人常說女人總是會為了小事而突然發飆，但讓女性抓狂的原因其實通常不只是男性口中的「小事」所導致，還有很多沒有表現出來的煩躁情緒不斷累積，於是在某一天達到臨界點就爆發了。

以下介紹如何讓「容易因為小事就煩躁的人」，能重新自我調整、力圖振作的

方法。

一、**確定煩躁的原因**。

沒來由會感到煩躁的人，其實是沒釐清自己不耐煩的真正原因。

面對這些負面情緒，要像對待你的好朋友一樣，不要逃避，試著從客觀的角度深入理解。例如，「我之所以會焦慮，是因為手邊的工作太多。」「家人的事情讓我很擔憂」，這麼一來，就能想出因應之道，把煩惱轉化為「那就～～這麼辦吧」的行動力。

二、**適時減壓，釋放負能量**。

不滿或焦慮一直積壓在心裡，會變成毒素，危害健康。如果能及早逐漸釋放，會讓心情不那麼緊張。

對別人感到不滿時，也可以平心靜氣找對方談談：「我希望可以～～你覺得呢？」如果是無法改變的既定事實，也可以找朋友傾訴：「雖然覺得很沮喪，不過我還是會努力的。」

保持正向的心態，相信朋友也會願意當你宣洩情緒的垃圾桶，陪你度過難關。

三、善用「等待」的時間。

如果你很期待能獲得對方的回覆，那麼「等候」正是讓你心情煩躁的原因。例如，苦等重要的客戶來電、LINE的訊息被已讀不回，或是等待晚歸的先生……等。

總是配合別人而處於等待狀態的女性，可以充分運用等待的時間，想著：「趁這個空檔，我正好可以～～」把「等待的時間」變成「自己的時間」。這樣就不會在等待中心浮氣躁，覺得自己一無所獲；也會對讓你苦等久候的對方更寬容，像是會考慮到「他應該是有其他事在忙吧」。

四、擁有獨處的時間。

只有愛自己的人，才能更好地愛別人。

別急著改變情緒煩躁的狀態，先把重點放在「找回原本那個溫柔的自己」。為此，你需要每天至少有半小時獨處的時間，無論是放空、自我關懷，或是列出平常沒時間細想的代辦事項都可以。

【降低內耗的良方】

85 面對年輕女性，請發揮鈍感力

有些年紀稍長的女性會抱怨：「在我們那個時代，對前輩說的話一定言聽計從，但現在的年輕人竟然敢直接拒絕！」或是認為：「現在的年輕人工作能力差，抗壓性也很低，但自尊心卻很強，完全說不得。」

年長女性容易對年輕女性感到不耐煩，或嫉妒他們的優點。他們會覺得，年輕女性只不過因為比自己「年輕」，就可以獲得更多關愛與包容，這令他們倍感威脅。

其實換個角度想，與自己相比，年輕女性的溝通能力相對較弱，這是工作經驗豐富的資深女性特有的優勢。透過不時主動詢問和仔細說明，能增進跨世代的合作，拉近彼此的關係。

與年輕女性互動的訣竅有下面兩點，就是「發揮鈍感力」與「坦承不諱」。

一、發揮鈍感力，給予對方溫暖關懷。

年長女性或資深前輩會對年輕女性這樣說教：「想當初在我們那個年代……」而這些人在他們年輕時也曾聽前輩這麼說，甚至還遇過比被這樣訓斥更誇張的事情。

但同為女性，有歷練的熟女應該以過來人的身分，多給予年輕女孩包容與關懷。像是在遇到對方的做事方式或想法與自己不同時，就輕鬆表示：「嗯，你也可以這樣做。」這樣說並非要撇清關係，或是事不關己，而是尊重對方看待事情的觀點與想法，也不代表誰對誰錯。在對方需要幫助時，則能站在雙方平等的立場提出建議，並適時提醒對方：「在這方面要多留意喔！」

二、**對於比自己年輕的人，也能真心說出：「你好厲害」、「請教教我」**。

面對年紀較輕的人，我們往往容易看到對方的不足之處，但其實他們也有很多優點是我們欠缺的。如果能坦然稱讚對方「好厲害」，不僅會讓對方開心，也有助於改變自己的心態，不再為嫉妒所困擾。

例如，你可以向熟悉如何使用手機APP的女孩請教：「這個我不太會使用，能不能教教我？」相信對方會很樂於分享她的專長，日後也會成為願意支持你的朋友。

對年輕女性來說，能夠獲得比自己年長的女性認同，是很令人高興的事。透過讚美對方的優點，關心他們並適時伸出援手，就能建立信任感。

期許自己能當個心胸寬大，讓人感到溫暖且值得信任的前輩吧！

【菜鳥主管V.S老鳥屬下】

86

小主管與大前輩也能好好相處

由於中年轉職與派遣員工增加，以及「能力主義」逐漸受到重視，有越來越多年輕一輩成為主管；或反過來說，不少人雖然是老鳥，但仍為年輕人的屬下。這種「年齡不是衡量能力唯一標準」的情況日益增加。

這兩種狀況我都曾經歷過，而且非常耗費心力。尤其是我擔任主管，而部屬是資深前輩時，要提醒對方時還滿傷腦筋的。比方說，如果年輕的部屬遲到，我只要簡單告知對方要守時即可；但若是年長的員工，我就會擔心該如何委婉表達，才不會傷害對方的自尊。

首先應該明白，主管與部屬的差異不在「地位高低」，而是「職務有別」。當人們認為自己是主管所以「地位高」，或是因為年長所以覺得自己處於「上位」，就可能表現出目中無人的傲慢，並產生「我為什麼要聽那個人的話做事！」這種憤憤不平的心態。

那麼，要如何與年長部屬或年輕主管相處，才能讓彼此合作愉快，心悅誠服呢？

・與年長部屬的相處方式

面對年長的資深前輩，年輕主管不要擺出領導者的架子，而是以「我可能有思慮不周的地方，請你幫忙指點」的方式請託。當資深員工犯錯，可以說：「能麻煩你再確認一次嗎？」引導對方自己意識到問題。在提醒時也可以表達你對對方的重視：「我相信你一定可以成為其他人的榜樣。」平常也要多表示謝意：「多虧有你幫助。」當然，如果自己犯錯時，也要誠懇地道歉。

此外，也要表現對老鳥的尊重，比如說：「我很敬佩你能完成這件事」、「下次請你教我該怎麼做」。

・與年輕主管的相處方式

女性之間，當發現年輕主管的缺點時，很容易不留情面地批評對方。但既然自己比較年長、資深，就採取寬容的態度吧！不要立刻批評，而是保持適當的距離，訂定明確的界限，以免過度干涉對方工作的方式。

你可以表現出自己是值得信賴的下屬，對對方說：「如果有任何困難都可以找我討論」或是像母親一樣給予善意的勸告或建議，例如：「不要太勉強自己」、「要不要試試這樣做？」

【別讓同學會變成比較大會】

87 與同學聚會，保持舒服的相處距離

前陣子我跟一位三十多歲的女性聊天時，他說：「我現在既沒結婚，工作也不穩定，超沒自信的，所以不想去參加同學會。」

任何人可能都有過這樣的心情，我也不例外。同學之間因為起跑點相同，所以相互較量似乎也很公平。而且，女生之間很容易陷入「那個人做到了，但我卻～～」的比較中，因而會盡量避免見面或瀏覽社交媒體，以免相形見絀。

不過，隨著時間的推移，再過了十年後，當你人生邁入新的階段，逐漸擺脫家庭與工作的束縛，也因種種歷練而不會再與人斤斤計較地攀比，這時與昔日同窗再

聚首，相信你們都會相互稱讚，並向對方說：「這些年大家都很努力呢！」

在工作上，一起進入公司的同梯也是一樣的情況。一開始或許會視彼此為勁敵，但十年後，每個人都找到了自己的方向與定位，也有各自的成就，彼此不再有競爭心態，而是建立能夠互換資訊、共同合作的交情。

同學或是同期的同事，因為上同一所學校，或是在同樣的環境工作，彼此有很多共同點，心裡會不自覺地希望自己能跟對方齊頭並行。然而，女性在結婚、育兒、工作等各方面的狀況改變會非常大，沒有任何人會跟自己在同樣的位置，每個人都有各自的生活，在婚姻中，有些人可能比自己快一步，又或許是在工作上走得比自己慢。

另一方面，由於同學之間並無地位高低、上下等級之分，因此很容易毫無顧忌地敞開心扉搏感情，但保持合適的距離是很重要的。如果只聊自己的事：「我們家孩子啊……」或是強行灌輸自己的價值觀：「無論如何，錢才是最重要的！」沉浸在自己的世界裡，這樣就會與人產生隔閡。

跟志同道合的同學繼續保持聯絡，合不來的話就疏遠吧！或是只在彼此合得來的層面交流，我覺得這樣也很好。總之，不用太勉強自己。

【你不能等到日子不再艱難，才決定開始快樂】

88 因爲看輕，所以快樂；因爲看淡，所以幸福

不少人對於人際關係中的爭執，或是曾犯下的錯誤耿耿於懷，鬱鬱寡歡。尤其是那些對他人心懷不滿的人，常會憤憤不平地想著：「那個人實在太過分了！」「真是狗眼看人低！」這些小小的怨恨之石會與日俱增，堆積成山，越來越高，讓自己筋疲力竭。

不過也有一些不會為負面情緒所困的女性。他們當然也會傷心難過或心情低落，但最終會走出來，成為更幸福的自己。他們的內心雖不強大，但很柔軟。當他們覺得「一直處在討人厭的情緒下很不舒服」時，就會有意無意地與這些壞情緒進

行切割。

其實，任何人都可以養成這種重塑心態的習慣。情緒容易受影響時，轉換心情的方法有下列幾種。

一、以「算了啦！」的方式正面思考。

其實，不是生活不夠甜，而是它不如你想像的那麼甜。

對於多愁善感的人來說，要迅速忘掉討厭的事是非常困難的。不需要強迫自己完全拋開不愉快的心情，只要以「唉，就算了啦！」的坦然態度，面對事實，放下心中的執念。

例如，當同事對你冷嘲熱諷時就想：「算了啦！每個人在職場都難免會遇到這種倒楣事。」遇到出錯或失敗時，也可以安慰並鼓勵自己：「這次就算了啦！我相信下次會做得更好。」將心裡的煩惱化為前進的動能，憤恨或悔意就會逐漸消失。

二、**覺得痛苦就要說出來**。

一個人獨自胡思亂想，會越想越痛苦。

我認識一位女性主管，每當他遇到不愉快的事，就會先跟先生預定一段「訴苦」的時間，他會對先生說：「你不用回應沒關係，只要聽我說就好。」

還有一位女企業家回想多年前被瘋狂追債，生活充滿恐懼焦慮，痛苦至鉅時，他這樣說道：「幸好當時我有位女性好友願意當我的樹洞，讓我有宣洩的出口。」

透過傾訴，更容易讓自己從痛苦中解放與超脫，有勇氣面對現實繼續前進。

三、**專注於該做的事，以及會令自己快樂的事**。

當內心感到空虛，找不到生活的意義與目標時，會令人不知所措，終日惶惶不安。

因此，即使在公司遇到不愉快的事，也可以透過轉移注意力，將關注的焦點放在孩子，或是計畫週末來趟小旅行這類愉快的事情上。想著能令人感到喜悅的事，就會阻斷厭煩的情緒進入大腦。

一位活到九十八歲的長壽女作家說：「現在我每天所想的事，就是思考如何能將生活過得更有創意。」他用心於所有的小事，像是如何煮味噌湯、煮米飯、做醬菜等。

我們應該學習這位長者，自我期許能做個用心於生活、積極向前的人，在情緒上能如同身體進行新陳代謝一樣，保持在活躍的狀態。

【心存善意，萬物皆美】

89 存好心，就能說好話

曾經有位九十多歲的知名女作家與他六十六歲的女祕書一起上電視接受訪問，在節目中，祕書毫不留情地吐槽大作家：「哎喲，老師，您太晚才開始準備了啦！」據說他們平常也不時會這樣拌嘴。一開始周遭的人都戰戰兢兢，深怕大作家會勃然大怒，但他卻不以為意地表示：「不知道為什麼，我就是不會對他生氣，和他在一起總是覺得很開心。」

那麼，女祕書又是怎麼看待作家呢？他說：「老師是我最堅強的後盾！」

我對「最堅強的後盾」這句話感動不已，同時也深深覺得，如果生命中有人能讓你對他抱持這種想法，那真的是件非常幸福的事。

當對於「不想被別人討厭」這件事過度在意時，就會小心翼翼，自我壓抑而不敢說真話。一旦人際關係不順遂，便怪罪別人：「怎麼有人會這樣！」然後，心累、厭世，以及厭惡對方的情況會越來越嚴重。

我認為解決這個問題的關鍵就在於「良善」。與其在意「對方是怎樣的人？」不如把重點放在「讓自己保持良善」，這麼一來，人際關係也會變得輕鬆自在。平常多說尊敬、感謝、安慰及鼓勵的話語，並多幫助他人，就可以與人建立能暢所欲言的關係。

當然，我們周遭總有一些無法將之視為「盟友」的人，但即使如此，我們還是要盡量試著將之視為「夥伴」。因為這些人的確會對我們的人生造成影響，也教會我們一些事情。

你可以將對方當成是來你開設的商店購買商品的「顧客」吧。即使是「奧客」，也可以用友善的態度親切以待。即使這位顧客不喜歡你，但你的為人以及言行，其他的客人都看在眼裡，你個人商店的信譽並不會因為有奧客的存在就受到影響。

本文一開始提到的那位作家就表示：「我認為良善是一個人的價值，也是他最大的魅力所在。」的確，對女性而言，良善就是最有力的武器。他們雙手分別持著「對人的善意」和「自我尊重」（對自己的善意）前行，這樣的女性是所向無敵的。

第7章

真誠對待別人，真實面對自己

【戒掉「都是別人害我的」思維】

90 勇敢踏上屬於自己的花路

「雖然也想抱持『別人是別人，我是我』的灑脫態度，但真的很難做到。」或許你會有這樣的感嘆。也有些人說：「因為要與別人互動，或多或少都會受對方影響」、「再怎麼努力，還是會在乎周遭的眼光啊！」

即使如此，我仍然希望各位能堅守「我是我」的中心思想，這樣的核心價值觀能讓你不會陷入要與人一決勝負的惡性循環，或是產生衝突的困境。可以從糾結的煩惱中解脫，遠離競爭與比較的心態，人際關係也會變得更和諧與輕鬆。

為了實現這一點，請從「對自己有自信」開始做起，但這並不是要你在各方面都比別人優秀。如果你是用「愛比較、爭輸贏、論高下」的方式增進自信，那麼你將永遠無法擁有真正的自信，只會困在狹隘的世界裡，不斷與人比較。

我說的「有自信」，是要「活出自己選擇的人生」，像是「我想做我喜歡的工作」、「我想住在被大自然環繞的住家」、「我想盡力照顧父母」……等。此外，也要堅定信念，告訴自己：想去的地方，即使只有我一個人抵達也要出發。

每個人都有自己的路，比如有人是既要工作也得照顧家庭的職業婦女，有些人則想等孩子長大後再實現創業的夢想。即使人生被環境所左右，但意識到「這是我自己的選擇」，和認為「都是別人害我的」，這兩種想法有天壤之別。或許你目前的生活過得不盡如人意，但這一切都是你自己的選擇。

真正有自信的人，在人際關係中能清楚劃分人我界線，保持真實的自我。他們會坦率表達自己的想法，與有不同價值觀或意見的人也能相互合作，並建立信任關係。

「別人是別人，我是我」的觀念，絕非對他人漠不關心，只在乎自己，而是明白「因為有別人的支持，我才能走自己的路」、「讓別人快樂，自己也會幸福」。任何人都可以在「擁有自己的核心價值觀」之下，將人際關係中的每個人都視為「盟友」。

【捨棄「應該」的人生，選擇「想要」的自己】

91 與其在意「別人怎麼想」，不如關心「自己到底想要什麼」

坦白說，在三十多歲之前，我根本沒意識到自己有「想要獲得他人的認可」和「希望受歡迎」的想法。

因此，在找工作時，我選擇了一間世俗眼光認可的公司，但是我並不適合那份工作，半年後就離職了。年輕時，無論做任何工作，我都會為了想討好大家而筋疲力竭，到後來連自己都很討厭自己。但有一天，我突然認清「沒有人能讓我幸福，只有自己能對自己的幸福負責。」這個事實。

之後，在不給人造成太大困擾的前提下，我就做自己想做的事，說我想說的話，我再也不需要壓抑，可以輕鬆與人互動。身邊的人也認為我「就是這樣的人」，沒想到這樣做竟讓人際關係明顯獲得改善。

一直在意「別人怎麼看自己」，就無法誠實地活下去。社會的標準或別人的標準固然重要，但在這之前，是否擁有「自己的標準」更重要。請留意下列兩件事。

一、**與其在意「別人怎麼想」，不如關心「自己到底想要什麼」**。

即便因為周遭的目光或言論影響而有所動搖，回到「自己究竟想做什麼」的原點思考，就能找回初心。如果我們因為別人的意見就輕易改變立場或想法，這代表我們對自己的選擇並不是很堅定。

當我們對自己的選擇充滿信心，就會產生「即使無法獲得他人的贊同，也想繼續奮戰」的決心。

二、從別人的話語中篩選出自己需要的資訊，不必要的訊息就捨棄。

在第一點的基礎上，只選擇對自己有用的資訊，其他的雜訊就捨棄。為了自我成長和實現目標，我們要主動「選擇」，活出「想要」。

現在在網路或社群媒體，都能看到各式各樣的訊息，但我們不該盲目地照單全收，有時甚至也需要抱持懷疑的謹慎態度，視狀況斟酌參考。

【千錯萬錯都是別人的錯？】

92 擺脫被人生綁架的「受害者情結」

有件事情一旦戒除後，人際關係與人生都會產生天翻地覆的大轉變，這件事就是「不要怪罪別人」。

只要有任何不順遂就歸咎於某事或某人，坦白說，這樣做的確會輕鬆得多。例如，在辦公室裡如果因為痛苦的人際關係而覺得壓力山大，你可以有許多怪東怪西的理由，像是「因為有難搞的同事」、「因為工作太忙了」、「因為我媽從小的教育方式，讓我對人有強烈的猜疑心」等。找個人當壞人，自己就能順理成章成為「被害者」，繼續無止境地抱怨，做悲苦的主角。

不過這麼一來，就把所有事情都變成「無法自己控制」的狀態，這種心態會使我們不主動改變自身的處境或解決問題，而是將責任推卸給外部因素或他人，進而阻礙我們的成長和發展。

如今，當事情不順遂時，我會告訴自己：「我也有責任。」然後思考：「問題一定有解方。」並試圖找出解決之道。如果行不通，我也會認為「事情會演變至此，也是自己的選擇。」進而坦然接受。

不要總是怪罪別人的另一個原因，是你會以自我為中心進行思考，忽略時間較久前的「大事」，而專注近在眼前的「小事」。例如，我們常會聽到有人一提到前男友，就會憤憤不平地抱怨：「都是那個人害的啦！讓我白白浪費那麼多年寶貴的青春！」但事實上，兩人之間應該也曾有過很多開心美好的回憶，只是現今因沉溺於憤怒的情緒中而都被忽略了。

此外，將工作上的失誤怪罪於他人，比如：「都是因為那個人說了那些話！」

這種心態會逐漸累積怨恨與憤怒，並在言行舉止中表現出來，使人際關係變得緊張。在彼此互推責任的情況下，是無法建立信任感的。雖然應該也曾受過對方的幫助，但這些恩惠卻因此被忽視了。

心懷怨恨百害而無一利，而且會長期影響我們。要消化這種情緒，要轉念告訴自己：「這樣也不錯」、「這也是沒辦法的事」。

改掉怨天尤人的壞習慣，就能拿回人生的主導權，不論結果好壞都自行承擔，也不再認為別人需要為你的喜怒哀樂負責。

93 經營自在的人際關係

「人際關係真麻煩」、「一個人輕鬆多啦」我們似乎常聽到這樣的感嘆。會產生這樣的想法有很多種原因，但我認為這主要是人們對於人際關係感到疲憊所造成。可能是他們只看到人際關係的缺點，因而與人相處時無法發揮自身的魅力與特質，也感受不到和人互動時的愉悅吧！

然而，如果一直迴避人際關係，就會變得越來越不擅長與人相處；缺乏人際關係的技巧，也會覺得與人相處時不自在，進而陷入這樣的惡性循環。

對於不擅長與人交際互動者，我想傳授三種能跨越人際挫敗感、重新與人連結的訣竅。

一、**你不必跟每個人都「合拍」**。

若把人際關係視為生活的重心，就會太在意別人的想法，忽視自己的感受，讓自己過得很辛苦。不如用輕鬆的態度看待人際關係，只要與志同道合的人維持互動，跟合不來的人就保持距離吧！

二、**從自己做得到的事情開始慢慢嘗試**。

無論人際關係多糟，人還是能活下去；但如果能有良好的人際關係，對人生將有極大的助益。請嘗試本書提到的各種方法，尤其是那些讓你覺得「這個我能做到」的事情，更要毫不猶豫地嘗試，比如經常向人表達謝意、試著說出自己的意見等這類小事都可以。

透過持續累積微小的成功經驗，你將發現「其實生而為人是很美好的」、「原來我也受到別人許多幫助」，進而增加自信。即使遇到挫折，也會認為是寶貴的學習機會，產生「下次再嘗試使用另一種方法」、「暫且先放下這件事吧」等折衷之道。

三、**想像並模仿你所欣賞的人**。

你身邊是否有個性不錯，讓你留下深刻印象，進而使你想向對方學習與人相處之道呢？例如，年輕女孩可能「比較容易受到主管或前輩的關愛」，超過三十歲的人則是「因成熟穩重的特質而備受讚賞」。

你可以觀察這些成功的「範本」，學習就是從模仿開始。擁有「想成為那樣的人」的期望，會逐漸改變你的想法和言行舉止。

【正向能量說話術】

94 說好話，力量大

言語具有操縱人心的強大力量。一句話有時候會讓人遭受椎心之痛，有時也能讓受傷的心靈得到療癒。

人會因為被否定的話語而受傷，也會因為肯定的言語而重新振作。

還有一點要牢記，那就是言語會累積在人的心裡。一旦說出的話就無法收回，無論好壞，都會留在對方的心中。既然如此，為何不選擇會持續予人積極和肯定的訊息，讓人們感到振奮、愉悅和滿足呢？

不斷持之以恆地傳遞正能量是很重要的。說正能量的言語不需花費大量精力，而且比金錢更有價值。

你所發出溫暖、鼓舞人心的言行，將會以同樣的方式回饋你。你無須使用華麗的辭藻，只要隨口提及，或是在備忘錄或電子郵件裡加上一、兩句暖心的話語就可以。有時，簡短但精準的言詞更能觸動人心。

此外，記得隨時累積一些簡潔有力的字句。即使是稀鬆平常的話語，對方聽了也會很高興。

以下就將這些實用的話語分成三類，能幫助你更快速找到合適的使用時機。

一、感謝、喜悅：當受到別人幫助，或是日常的小事都可以說：「謝謝」、「多虧有你」、「太開心了」、「有你真好」。

二、安慰、鼓勵：在對方情緒低落，或即將進行某項艱難的任務時可以說：

「你可以的」、「發生什麼事了」、「接下來一定會沒事的」、「別擔心」、「難為你了」、「辛苦啦」、「別太勉強」、「盡情享受吧」、「讓我一起幫忙吧」、「會遇到這種事也是難免的」。

三、稱讚、信任：當發現對方的優點時可以說：「好適合你喔」、「你真是當之無愧」、「我就喜歡你這一點」、「你比之前進步好多」、「我應該向你學習」、「你很值得信賴」、「我對你很有信心」、「你又讓我上了一課」、「我很佩服你」、「你一定沒問題的」。

言語的效果取決於說話者的個性、與對方的關係，以及不同的情境場合。當你實際使用過，覺得還不錯時，請在自己心裡慢慢累積這些語句。另外，你也可以收集那些會讓自己感到高興的話語，把它們放進自己的資料庫中。

正向、肯定的語言是人際關係的潤滑劑。讓我們持續不斷地向別人表達這些話語，精進「讚美力」的技巧，進而逐漸提升人際關係的品質吧！

【建立自信的祕密】

95 想停止自我否定，請先讚美自己

平常我們似乎沒什麼機會對自己說話，但其實我們內心都會有很多ＯＳ，只是沒說出口。像是早上起床後，我會默默鼓勵自己：「雖然工作很累，不過明天就放假了，再努力加把勁吧！」當我完成一項重大任務後也會告訴自己：「我真是太厲害了，給自己一點獎勵吧！」

對自己說話時，也要像跟別人說話一樣，運用正面及肯定的詞彙。如果你一直自我否定：「反正我就是不受歡迎」、「我為什麼會犯這種低級錯誤」、「我真討厭自己的個性」，儘管沒有人責備你，但你卻無法原諒自己時，你將心力交瘁，逐漸

喪失自信。這種行為是自虐。

請想像在你心裡有個值得信任的好朋友，你能對他暢所欲言：「你這樣就已經夠好了」、「事情就讓它這樣吧，無所謂。」這樣一來，就算有你討厭的人，無論對方是何種性格，說了什麼話，又是否會原諒你，你都要告訴自己：「我就是我。」

如果連你都不能成為自己的支持者，又有誰會願意站在你這一邊呢？

此外，也可以對自己說：「你做得真好！」「即使受到責備，你仍表現得很堅強！」「你說了想說的話，這樣做沒錯！」

能對自己溫柔，就能對別人友善。相反地，那些總是對自己不滿的人，很可能會透過其他方式，間接將這種負面情緒轉移到別人身上。

當你感到自責、愧疚時，請想像你心裡有個親密的好朋友，給自己一些溫暖的話語。

【進行數位排毒】

96 遠離虛擬世界的真實壓力

透過社群網路，人與人之間的聯繫變得簡單多了。像是能跟多年不見的老同學、前同事、已經搬家的媽媽友等老友再度取得聯繫：「小孩都這麼大啦」、「你現在還是這麼愛爬山啊」，互換彼此的近況。

然而，原本應該是開心閒聊的社群媒體，卻也會給人壓力。像是許多炫耀文令人看了忍不住想翻白眼，覺得自己好像也得輸人不輸陣地上傳一些「厲害」的照片，或是會很在意Po文的留言跟按讚數……等。

社群平台應該是單純享受互動的「工具」，現在卻成了一種「義務」，讓人疲於應付。

如何減少使用社交媒體的壓力，又能快樂重溫昔日情誼呢？以下是三項訣竅。

一、**拒絕淪為社交媒體的奴隸**。

如果看到別人的貼文或限動，就要跟對方進行比較、批評，或深入推敲其中的意義，會令人疲累不堪。我們可以抱持輕鬆的心態，簡單地留言：「你看起來真的很開心耶！」

那些一天到晚貼炫耀文的人，可能也會因為要不停想新的題材而覺得很累吧！畢竟社群網路只是片面的世界，除此之外，還有我們看不見的地方。

若你覺得自己罹患「社群媒體疲勞症候群」，就停止追蹤某個人，或是把瀏覽FB或IG的時間縮短。

二、**你不必什麼訊息都回覆**。

不要強迫別人必須回覆你的貼文或留言，這是使用社群媒體的基本禮貌。

當你開始覺得「人家都留言了，不回應說不過去吧」，這種來自於對社交媒體互動的義務感或壓力時，可以讓網友知道，你平常不太看留言或訊息。

如果你覺得「不在社群裡留言會被排擠」，那麼只要在你想留言或回覆時再做即可。你不需要任何訊息都秒回，適度地偶爾參與網路社群活動會更受人歡迎。

三、**訂定自己的社群媒體規則**。

為了避免網路成癮，你可以訂出一套自己專屬的規則。像是每天只查看一次留言、只針對特定的主題上傳照片、只有真正覺得好的內容才按「讚」、對方沒回覆也不在意等。

充分善用社群網路的優點，能夠懂得自我控制，這才是使用工具的正確方法。

找到理想的距離，有事上網聯繫，沒事也別一天到晚掛在線上，便能享受社群媒體帶來的便利和樂趣。

【舒緩煩悶的心情】

97 用正念跳脫心理疲累的循環

你是否會持續被過往的煩心事所困擾？比如，數天前發生不愉快的事情仍歷歷在目，或是忍不住東想西想，心情無法平靜？

當事事不順心時，我們就容易受到負面情緒與思緒控制，無論做什麼事都會心不在焉，無法專注於當下，導致我們無法感受到快樂。

因此，我建議各位可以利用正念暫時休息一下，改變心態。藉由簡單的冥想，讓腦袋放空，跳脫心理疲倦的惡性循環。

冥想有很多種方法，這裡介紹一種正念練習中最簡單的冥想法。

一、以輕鬆的姿勢坐下，閉上雙眼。

二、將注意力集中在「呼吸」上。

以鼻子深吸一口氣，感受空氣流經鼻子的感覺，感受腹部膨脹的感覺。如果無法集中精神，就配合呼吸默數1、2、3……

三、一旦有雜念浮現，就把注意力再拉回呼吸上。

此外，浮現雜念時，千萬別責備自己。不需評論這股雜念是好或壞，只要接受「出現雜念」的事實。

一開始先從每次練習五分鐘開始。如果還是覺得時間太長，縮短為一分鐘或三分鐘也可以。此外，不要只是在覺得焦慮不安時練習，也可以在開始工作前、早上起床後、晚上睡覺前等各種時段進行。不過，固定在相同的時間、同樣的地點練習會更有效，因為大腦喜歡「持續」和「習慣」。

正念的重點就是將專注力放在「此時此地、當下」，藉由這種改變心態的練習，能立即緩解煩悶，面對壓力也會有與既往截然不同的輕鬆感受。

現代社會充斥著大量的訊息，導致大腦呈現麻木狀態，很難集中精神於當下。透過生活中的一些行為進行練習，例如：搭車時不要滑手機，而是看看窗外的景色；吃午餐時不要囫圇吞棗，細細品嚐每一道菜；用按摩或伸展來檢視自己的身體狀況……等，都是能強化正念的方式。

這樣做可以提升平常的注意力、記憶力和想像力，也更容易產生創意。正念療法的效果比你想像中更強大，請務必試試。

98 成為獨立而幸福的女性，才是真正的孝順

很多人都為與父母之間的親子關係感到苦惱。來自父母的「束縛」非常強大，很難擺脫。即使是與父母感情還不錯的人，也可能是在潛意識裡壓抑自己真正的感受，希望藉此至少能和父母維持表面上的良好關係。尤其是母女關係，更會希望在決定、行為或態度等諸多方面都能一致，而這就意味著有一方需要妥協和忍耐。

在孩提時期，孩子只能看父母的臉色行事，順從大人的意願與價值觀。即使長大後，有些人可能仍對父母言聽計從，勉強自己，避免做出會讓他們失望難過的事，或努力滿足他們的期望。

反之，也有人成年後，有了反抗與獨自生存的能力，便敢批評父母：「媽，你真的錯得很離譜！」由於孩子不再需要依賴父母，反抗時也會毫不留情，導致親子關係惡化。

要解開這種束縛，唯一的方法就是了解彼此是獨立的個體，亦即父母有父母的道路，子女有子女要走的路。親子之間，應該以同為成年人的立場，抱持各自不同的觀點看事情，彼此保持剛好的心理距離。透過這樣的方式，雙方都會明白「不同的人有不同的想法是正常的」、「即使有不同的觀點，也要相互尊重」。

若是父母對你這樣的行為感到難過，那是父母個人的情緒，他們必須自行負責。或許你會有些罪惡感，但如果你真心希望這麼做，就依循自己的心情和想法行事。我並非鼓勵你任性妄為或拋棄父母，而是希望身為子女的你，在尊重彼此感受的前提下，能適度表達自身的想法，抑或傾聽父母的意見，讓雙方能達成共識，找到折衷點。

其實，父母最希望的就是子女能過得幸福。如果你有無法順應父母心意之處，就讓他們了解你的想法，並常傳達「謝謝你們生下我，讓我能走自己的路」這樣的感激。當父母老去，請陪他們好好度過人生下半場，多給予關懷與照顧。

我認為成為一個經濟與思考都獨立，而且過得幸福的女性，這才是真正的孝順。

【不再勉強自己的人際關係】

99 在生命中只留下對的人

有個朋友告訴我：「好像很多人聽到『緣分』這個詞都會覺得是一種壓力。」

在現代社會，人們能與各式各樣的團體交流，藉由社群網路與許多人產生連結，如果我們試圖珍惜所有與我們有緣相遇的人，那麼很快就會超出我們所能承受的能力範圍，讓人際關係成為負擔。

僅透過與人相處而度過這一生是不夠的，我們除了追求與他人的連結之外，還需要生活其他各方面的歷練和體驗。「緣分」並非持續不斷，而是一種循環。身邊的人會來來去去，但即使某些人離開，或是與你結束關係了，我們也可能從中獲得寶貴的經驗或成長。

廣結善緣的確有好處。當你帶有目的性地與人交往，例如想要對公司業務有所幫助、想與社區居民相處融洽，或想參加聯誼活動等時，這種廣泛的交流是很有效的。

然而，如果認為朋友越多越好，這種想法會導致與一群人相處時倍感壓力，或覺得朋友少是因為自己缺乏魅力、沒有「被利用」的價值。

交友的關鍵在於「重質不重量」。能明白「人際圈狹小也無妨」的人，為了讓自己的人生更豐富，他們會「整理」人際關係，也就是遠離那些與自己關係不合拍的人，珍惜那些不用勉強自己也能持續交往的朋友，並與對方建立更緊密的聯繫。

這些人知道，就算刻意花時間跟話不投機的人相處，最後也不會有任何收穫。

社交圈不大的好處，是很容易掌握每位友人的狀態和近況。這樣就能適時送上關心和祝福，在對方有難時及時相助，讓彼此的互動更頻繁且真摯。

我認為，尊重並珍惜自己認為重要的人，是奠定良好人際關係的基礎。即使只有一個人將你視為最好的朋友，你對生活的滿意度就會明顯高於沒有的人。

【享受獨處，也喜歡與人相處】

100 「獨處」和「與人共處」都很重要

人際關係中，最重要且最基本的，就是與自己的關係。傾聽自己內心的聲音，了解自己的狀態和真正想要什麼，是珍惜自己的表現。懂得珍惜自己就能珍惜別人，並且也會受到他人的尊重。

相反地，如果不能善待自己、總是對自己心懷不滿，那麼對別人也無法展現溫柔體貼。

因此，每天擁有一段「獨處時間」好好關照自己是非常重要的。你可以一個人用餐，在公園裡放空發呆，也可以專注在自己的愛好裡。至於與家人同住，缺乏私人空間的人，可以把洗澡或通勤時間當作特別的獨處時間。

忙碌會讓我們變得盲目、茫然，迷失自己。原本在心情平靜時可以一笑置之的事，卻在壓力上身時，讓人煩躁不安，也容易與別人產生摩擦。

保有一段不被打擾的私人時間，即使遇到問題或煩惱，也能冷靜審視情況告訴自己：「他就是那種個性，不要太在意。」、「其實那個人也有他的優點啦！」進而重新調整心態。

此外，在日常生活中，我們總是被動地接收各種資訊，做出習慣性的反應，而非經過深思熟慮後的回應。當一個人獨處時，心情相對放鬆，會意識到之前忽略的許多小事。或許是在每天的必經之路發現正綻放著美麗的花朵，又或是想起一本遲未閱讀的書籍。

透過與內心深入對話，也可以讓自己的心靈世界變得更成熟，達到精神和情感的「自給自足」。

在與他人共度的過程中，我們則能體驗到獨處時無法獲得的美好經歷或感受。這不僅包括與人一起感動、一起解決問題的喜悅，還有讓別人感到快樂的幸福。

無論是「獨處」或是「與他人共處」的人際關係都缺一不可。**與人相處有時是磨練也是學習，與自己相處則是充電與思考的機會。**儘管兩者的比重該如何拿捏，每個人不盡相同，但建議常獨處的人，應盡量和別人共處；相反地，常過群體生活的人，盡可能留些獨自一人的時間。

最健康的社交狀態，是既有能力與人共處，同時也懂得享受獨處，隨時能自由切換「群體模式」與「個人模式」。當你能享受獨處，就不會改變自己，迎合別人，也不會活在他人的期待之下，能過得更輕鬆，逐漸養成強大的心理。

人生顧問 CF00521

女子人際學：
受男性欣賞，女性喜愛，人際關係瞬間提升的100個生存守則【輕鬆相處升級版】

作者—有川真由美
譯者—葉韋利
主編—郭香君
責任企劃—張瑋之
封面設計—FE設計
內頁排版—新鑫電腦排版工作室

總編輯—胡金倫
董事長—趙政岷
出版者—時報文化出版企業股份有限公司
108019台北市和平西路三段二四〇號七樓
發行專線—（〇二）二三〇六—六八四二
讀者服務專線—〇八〇〇—二三一—七〇五
（〇二）二三〇四—七一〇三
讀者服務傳真—（〇二）二三〇四—六八五八
郵撥—一九三四四七二四時報文化出版公司
信箱—10899臺北華江橋郵局第九九信箱
時報悅讀網—http://www.readingtimes.com.tw
綠活線臉書—https://www.facebook.com/readingtimesgreenlife
法律顧問—理律法律事務所 陳長文律師、李念祖律師
印刷—勁達印刷有限公司
初版一刷—二〇一九年六月二十一日
二版一刷—二〇二四年五月十七日
定價—新臺幣四五〇元

時報文化出版公司成立於一九七五年，
並於一九九九年股票上櫃公開發行，於二〇〇八年脫離中時集團非屬旺中，
以「尊重智慧與創意的文化事業」為信念。

女子人際學：受男性欣賞，女性喜愛，人際關係瞬間提升的 100 個生存守則【輕鬆相處升級版】/ 有川真由美 著；葉韋利 譯 . -- 二版 . -- 臺北市：時報文化出版企業股份有限公司，2024.05
面；　公分 . --（人生顧問；CF521）
譯自：女子が毎日トクをする人間関係のキホン
ISBN 978-626-396-181-4（平裝）
1. CST: 人際關係　2.CST: 女性

177.3　　113005032

ISBN 978-626-396-181-4
Printed in Taiwan
〔本書為《女子人際學：受男性欣賞，女性喜愛，人際關係瞬間提升的100個教戰守則》之改版〕